Experiencing Chinese

体验汉语®

国际语言研究与发展中心

学生用书
初中

Student Book

Middle School

2A

高等教育出版社
Higher Education Press

前　言

新学期开始了，欢迎一起来"体验汉语、体验快乐、体验成功"！

《体验汉语》初中系列教材是在中国国家汉语国际推广领导小组办公室的帮助下，由"国际语言研究与发展中心"专门为北美初中学生编写的系列汉语教材。

适用对象

本系列教材为汉语零起点初中学生编写，适用对象为公立与私立中学 7～9 年级选修汉语课的学生，或 13～15 岁的汉语学习者，也可用于其他相应水平的汉语教学。

设计思想

本系列教材提倡体验式教学方法，力求创造快乐学习氛围；选材贴近学生真实生活，旨在培养学习者的实用交际能力。

为了实现这些目标，编者在研究国际上英语等语言作为第二语言教学的教材基础上，汲取了汉语教材设计的成功经验，融合任务式、活动型教材设计方法，并本着本地化定制的原则，遵循"交际、文化、触类旁通、文化比较和社区"五个 C 原则（Communication, Culture, Connection, Comparison and Community），针对中学生汉语学习的条件和特点，在话题、功能、语法、课文内容和练习形式等方面进行了有益的尝试。

教材构成

本系列教材共 18 本，供 6 学期使用，每学期 3 本，包括学生用书、练习册和教师用书，并配以 MP3 光盘和其他多媒体教学资源。本书为《体验汉语》初中教材学生用书 2A（第 3 册），由 12 课构成，并附有 3 个复习课。本教材的参考授课学时为 50～60 学时。

编写特色

本书具有以下编写特点：

■ 通过各种方式降低学习难度，激发学生的学习兴趣；

■ 听说领先，培养学生的实用交际能力；

■ 融合中西文化，促进跨文化沟通与理解；

■ 触类旁通，建立汉语能力与其他课程的关联；

■ 重视培养学生学以致用、融入社区生活需要的能力。

（一）话题

为了使教材的内容贴近学生真实生活，符合北美少年的学习和心理特征，采取了话题领先、结构配合的编写方式。以"我"为中心，由近及远，逐渐展开：从"我自己"到"我"的家庭、班级、学校，乃至社区、国家和世界等更大的范围，与结构结合形成每课的课文。

（二）课文

围绕一个关键句式；多故事、多画面重现；有的课文则在此基础上，更采取了同一个故事、同一个句型结构用多个画面重现的方法。同时，课文对话短小、精练、典型，便于学生朗读和背诵；情节幽默，尽量使学生体验到汉语学习的乐趣；文化对比蕴含于课文中，使学生在学习过程中逐渐加深对中国文化的了解。

（三）词汇

每课的基本生词控制在 20 个左右。第二部分提供 5～10 个扩展词汇，每课的扩展词汇在下一册课本里，原则上将作为基本词汇复现。汉字书写与认读分流，由易到难，让学生循序渐进地掌握汉字书写的规律。

（四）语法

突出句式与结构的复现和训练，但在学生用书中不直接介绍语法知识，在教师用书里列出语法点的必要解释和讲练建议，由教师根据情况灵活处理。

（五）活动

每课的教学活动包括热身、会话、听力、口语、语音、汉字、文化和社区等。活动形式有两人活动、小组活动、全班活动、角色扮演、小调查和小制作等。其中，口语活动分为双人活动和集体游戏；社区活动则是本教材的一个重要环节，旨在训练学习者在真实生活环境中运用汉语的能力。

（六）文化

"体验中国"环节用英、汉双语提供了简单有趣的中国文化知识，以加深学生对中国的了解，为进一步的跨文化沟通与交际打下基础。

（七）版式

该系列教材的封面和内页版式均融合了中西方的元素，生动活泼，图文并茂，总体风格现代而富有少年趣味，采用了绘图、图片、照片等形式，使内容更加真实、生动。

鸣　谢

特别感谢中国教育部国际合作司和中国国家汉办给予的大力支持和指导。感谢周铭老师对本教材所做的英语审译工作。

最后，我们愿以这套教材与汉语学习者分享学习汉语的快乐，祝愿你们获得更丰富的体验、更成功的人生！

国际语言研究与发展中心
2009 年 2 月

Foreword

New term begins, come and take part in "Experiencing Chinese, Experiencing Happiness, Experiencing Success!"

Under the supervision of the Office of Chinese Language Council International (Hanban), *Experiencing Chinese* series are specially designed for junior middle school students in the North America by International Language Research and Development Center.

Intended users

Experiencing Chinese series, designed for junior middle school students with no previous knowledge of Chinese, can be used by students of grade 7 to grade 9 who choose Chinese as the second language, or Chinese learners aged 13 to 15, or any Chinese learners at around the same level.

Compiling principles

Providing materials from everyday life, *Experiencing Chinese* series endeavor to create a happy learning atmosphere and thus enhance students' language capability by showing rather than telling.

To achieve these objectives, we have consulted numerous textbooks that teach a second language. Taking into consideration the unique characteristics of the Chinese and following the principle of five Cs (Communication, Culture, Connection, Comparison and Community), we take pains with the constitution of the series such as topics, functions, grammar, contents, exercises, etc, and finally render them as they are now.

Contents

Experiencing Chinese series consist of 18 textbooks for 6 terms with 3 books for each. The series include the student's book, the exercise book, and the teacher's book as well as MP3 CDs and other multimedia teaching materials. This book is Book 3 for junior middle school students, consisting of 12 lessons and 3 review lessons. Recommended time allocation for it is 50 to 60 hours.

Characteristics

- Easy and interesting
- Developing practical communication skills with listening and speaking as priority tasks
- Promoting trans-cultural understanding
- Establishing a connection between language skills and other courses
- Cultivating the ability to blend in with the community

1. topic

Drawing materials from everyday life, this book gives priority to topics. It centers around "I" and gradually extends from "I myself" to "my" family, classes, school, community, country and even the world.

2. text

Each text includes several pictures and stories which center around one key sentence. Dialogues in the text are concise, typical, humorous, and easy to remember. Cultural comparison is another major concern of the text, meant to enlarge students' knowledge of the Chinese culture.

3. vocabulary

Each text has about 20 new words. The second part provides 5–10 extended new words which will appear as basic vocabulary in the next book. Writing Chinese characters is a separate task, and students are expected to grasp the rules step by step.

4. grammar

Sentence structures are the major grammatical task. Grammar will not appear in the student's book. It will be included in the teacher's book instead. The teachers can decide how and what to teach.

5. activity

Teaching activities in each text include warm-up, dialogue, listening, speaking, pronunciation, Chinese characters, culture and community. They take the form of pair work, group work, class activity, role play, investigation, etc. Speaking can be exercised either by pair work or through group activity. Community work is a crucial part, intended as a means of enhancing students' ability to use Chinese in a live situation.

6. culture

The item "Experiencing China" provides bilingual introductions to some basic knowledge of the Chinese culture so that further trans-cultural communications can be possible.

7. format

The cover and format of *Experiencing Chinese* series contain both Chinese and Western elements. Vivid and lively descriptions as well as drawings, pictures and photos combine to render this series of books interest-kindling.

Acknowledgments

We should express our gratitude to International Cooperation Department of Ministry of Education of China and the Office of Chinese Language Council International (Hanban) for their generous support. Thanks also go to Mr. Zhou Ming for his proofreading of the English translation.

Experiencing Chinese series are a present of joy for Chinese learners. We hope your experiences in learning Chinese will finally lead to richer experiences in life.

International Language Research and Development Center
February, 2009

Contents

Major sentence structure	Chinese characters	Culture	Chinese community
1. 如果感到高兴，你就拍拍手。 2. 我可以发火吗？ 3. 我的电脑坏了。	安爸办	Chinese Mandarin and dialects	Learn and observe how people from China and your homeland express their feelings differently **1**
1. 你是吃米饭还是吃面包？ 2. 你去医院看看吧。 3. 她买了一只可爱的小狗。	笔茶床	Chinese family: "Four generations under the same roof" and "Family of three people"	Learn Chinese diet (especially breakfast) **9**
1. 他一下课，就去上网。 2. 他在讲故事。 3. 我和你一样，我们都很喜欢看书。	春地灯	*Journey to the West* as one of the four Chinese Classics	Describe your impression of the Chinese with pictures, signs or words **17**
1. 从星期一到星期五，实验室里的人都很多。 2. 图书馆的人更多。 3. 在草坪上看书，多舒服啊！	冬饭好	China's first emperor "Qin Shi Huang" and Terra Cotta Warriors	Draw a map of your campus, and mark each building in Chinese **26**

34

Major sentence structure	Chinese characters	Culture	Chinese community
1. 我一边运动，一边听音乐。 2. 你怎么戴着耳机啊？ 3. 你怎么这么早就起床了？ 4. 它是不是叫泰森？	看筷楼	Chinese embroidery	Make a comparison between Chinese communities and those in your homeland **37**
1. 你应该戴眼镜。 2. 我看得很清楚。 3. 我玩游戏的时间有点长，我应该少玩一点儿了。	妈明男	The traditional Chinese medical theory and Chinese medicine	Search and learn something about the traditional Chinese medical theory through friends and the Internet **46**

Contents

Major sentence structure	Chinese characters	Culture	Chinese community
1. 这个帽子比美国的（帽子）便宜。 2. 咱们先做一个计划，然后在机场买礼物。	汽 秋 时	Chinese abacus	To know the exchange rate between RMB and US dollar as well as the pictures on RMB **54**
1. 听你唱歌像看恐怖电影一样。 2. 我刚刚买了一张他的最新专辑。 3. 这个新歌棒极了！	视 书 听	Traditional Chinese Festival—Mid-Autumn Festival	To learn a Chinese song or a piece of music **62**
			70
1. 你听过中国音乐吗？ 2. 为了一个慈善活动，你的偶像要来我们学校了。 3. 第一，这已经不是新闻了；第二，我也不那么高兴；第三，我要去看足球比赛的直播。	图 晚 洗	The internet in China	List your favorite websites, and check whether there are Chinese counterparts **73**
1. 把外套脱了吧。 2. 它是防静电的。 3. 给你洗发水。	夏 休 学	Paradise in Heaven and Suzhou and Hangzhou on Earth	To introduce the climate in China via PPT **81**
1. 虽然吸烟对身体不好，但是很多人还要吸烟。 2. 你生谁的气？	音 语 早	Chinese kites	To know the difference between Chinese traffic rules and those in your country **89**
	站 钟 字	"Four treasures of the study"—Chinese brush, ink stick, paper and inkstone	To learn another poem "Ode to the Goose", and search on the Internet the lyrics of *Where Is the Spring* **98**
			103
			105

目 录

目 录

1

你看起来很高兴
Nǐ kàn qǐlai hěn gāoxìng

Objectives 学习目标

● Learn to use the sentence pattern "如果……就……";
学会使用句型"如果……就……";

● Learn to express permission by using"可以";
学会使用"可以"表示许可;

● Learn to use "了" to indicate changes.
学会使用表示变化的"了"。

Ask yourself: 问问你自己

What makes you happy?
什么事会让你很高兴?

What will you usually do when you are happy?
觉得高兴时你一般会做什么?

What upsets you?
什么事会让你不开心?

How do you cheer yourself up?
你有什么克服坏情绪的好办法?

Warm-up 热身

Which mood do the following pictures represent respectively? Match and describe which picture best expresses your mood today.

下面的图分别表示什么心情？连一连，并说说哪一幅图最能反映你今天的心情。

悲伤 sorrow	生气 anger	累 tiredness	轻松 ease	高兴 joy
bēishāng	shēngqì	lèi	qīngsōng	gāoxìng

词语 Vocabulary

1	如果 if rúguǒ	9	球队 team qiúduì
2	感到 feel gǎndào	10	赢 win yíng
3	高兴 happy gāoxìng	11	不怎么样 bù zěnmeyàng just so so
4	就 then jiù	12	怎么了 zěnme le what's up
5	拍 clap pāi	13	可以 can kěyǐ
6	看起来 look kàn qǐlai	14	发火 fā huǒ lose temper
7	啊 (interjection, a expressing surprise)	15	坏 broken huài

8	消息 news xiāoxi	16	没 disappear méi	17	倒霉 bad luck dǎoméi	18	汤姆 Tom Tāngmǔ

Word game
词语游戏："–1"

The whole class is divided into two groups. The teacher reads the vocabulary for N times, and the students read after the teacher for N−1 times. Check which group reads in unison without mistakes.

全班分为两组。老师说N遍生词，同学们跟读N−1遍生词，看哪组同学整齐而不出错。

Part 1 第一部分

 1 **Listen to the recording and answer questions.**
听录音，回答问题。

小美： 如果 感到 高兴 你 就 拍拍 手，如果 感到 高兴 你 就
Xiǎoměi: Rúguǒ gǎndào gāoxìng nǐ jiù pāipai shǒu, rúguǒ gǎndào gāoxìng nǐ jiù

拍拍 手……
pāipai shǒu …

汤姆： 你看 起来很 高兴 啊！ 有 什么 好消息 吗？
Tāngmǔ: Nǐ kàn qǐlai hěn gāoxìng a! Yǒu shénme hǎo xiāoxi ma?

小美： 太 高兴 了！ 昨天 我们 班 的 球队 赢 了！ 你 怎么样？
Xiǎoměi: Tài gāoxìng le! Zuótiān wǒmen bān de qiúduì yíng le! Nǐ zěnmeyàng?

汤姆： 不 怎么样！
Tāngmǔ: Bù zěnmeyàng!

小美： 怎么了？
Xiǎoměi: Zěnme le?

汤姆： 小美， 如果我不 高兴， 我 就可以 发火 吗？
Tāngmǔ: Xiǎoměi, rúguǒ wǒ bù gāoxìng, wǒ jiù kěyǐ fā huǒ ma?

小美： 可以， 可以。 怎么了？
Xiǎoměi: Kěyǐ, kěyǐ. Zěnme le?

汤姆： 我 的 电脑 坏了，电脑 里 的 数学 作业 没了！ 我 太 倒霉 了！
Tāngmǔ: Wǒ de diànnǎo huài le, diànnǎo li de shùxué zuòyè méi le! Wǒ tài dǎoméi le!

小美： 天啊！ 真 糟糕！
Xiǎoměi: Tiān a! Zhēn zāogāo!

汤姆： 我可以 发火 了吗？
Tāngmǔ: Wǒ kěyǐ fā huǒ le ma?

小美： 不可以， 不可以……
Xiǎoměi: Bù kěyǐ, bù kěyǐ...

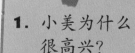
1. 小美为什么
   很高兴？

2. 汤姆的什么
   作业没了？
   为什么？

2 Listen to the recording and finish the following four diaries.

听录音，完成下面4篇日记。

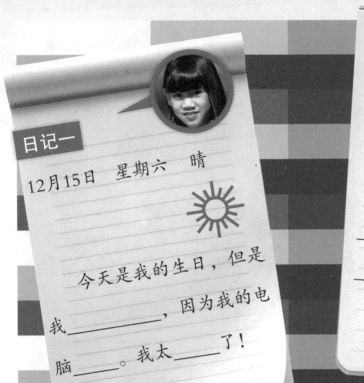

日记一

12月15日　星期六　晴

今天是我的生日，但是

我_____，因为我的电

脑____。我太____了！

日记二

10月23日　星期一　大雨

今天_____，天气__

_____冷。我很_____，

_____我有很多汉语作业。

日记三

4月17日　　星期日　晴

今天我_____了，

____天气很好，我____很

高兴。我____游泳，我的

同学说我游得_____。

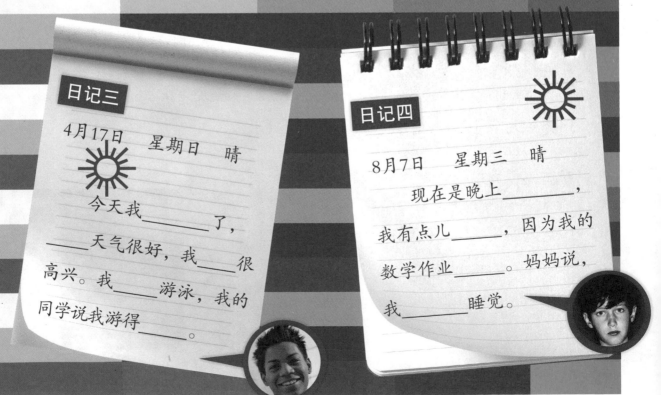

日记四

8月7日　星期三　晴

现在是晚上_____，

我有点儿_____，因为我的

数学作业_____。妈妈说，

我_____睡觉。

Work in pairs, and complete the following dialogues according to the pictures.
和同伴一起，根据图片完成下面的对话。

1 A: 老师，我现在可以睡觉吗？
B: _____！

2 A: 我可以_____？
B: 贝克，吃饭的时候_____。

3 A: 我的小狗可以_____？
B: 不可以！

4 A: 老师，我_____？
B: 当然可以！

 Ball game. When the drumming stops, the person who holds the ball is to make a sentence with the following sentence patterns or phrases.
体验球游戏。敲击声停的时候，球到谁的手里，谁就用下面的句型或短语造句。

如果……就……　　我可以……吗？　　……看起来……

Part 2   第二部分

 1 Listen to the recording, and sing *Clapping Your Hands* together.
听录音，一起唱"拍手歌"。

Vocabulary 词语

1. 生气 shēngqì
   angry
2. 跺 duò
   stamp
3. 累 lèi
   tired
4. 伸 shēn
   stretch
5. 腰 yāo
   waist
6. 轻松 qīngsōng
   relaxed
7. 肩 jiān
   shoulder

2 Group activity. Work in threes. Student A acts, student B makes a guess, and student C makes a sentence with the sentence pattern "如果感到……，我就……".
小组活动。3人一组，同学A表演，同学B猜词，同学C使用"如果感到……，我就……"造句。

Pictures and characters
图片汉字

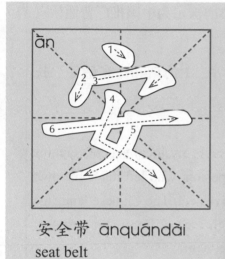

安全带 ānquándài
seat belt

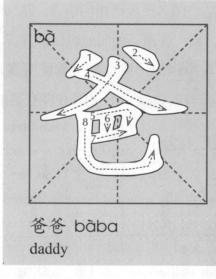

爸爸 bàba
daddy

办公室 bàngōngshì
office

Experiencing China
体验中国

中国的普通话和方言

"少小离家老大回，乡音无改鬓毛衰" ——这句著名的唐诗说的是一个人早年离开家乡，年老回家后，容颜已老但乡音依旧。汉语有七大方言，各大方言内部也有区别。虽然方言很多，有些发音区别很大，但是中国各地大多使用汉字。

普通话是中国各民族通用的语言。从1998年起，每年9月的第3周被定为中国推广普通话宣传周。但是，推广普通话的同时也保护方言。

现在，在中国的一些电影里你能听到不同的方言，如山东话、上海话和广东话等。找一些电影来看看，体验一下中国方言有趣的一面。

Mandarin and Dialects in China

"Left home a mere stripling but a weathered man when I returned, my local accent remains unchanged yet grey my hair turned." This famous couplet describes a person, who left his hometown at a tender age, finally returned home, withered and changed except his dialect. The Chinese language consists of seven groups of dialects, diverse in themselves. Though very different in terms of pronunciation, nearly all dialects adopt Chinese characters as their written words.

Mandarin is the standard language used by all nationalities in China. Since 1998, the third week of September has been the Promotion Week of Mandarin. However, dialects are protected as much as Mandarin is promoted.

Nowadays, you can hear various dialects in Chinese movies such as Shandong dialect, Shanghai dialect, Cantonese, etc. You can go to see some movies and enjoy the fun yourself.

Chinese Community
汉语社区

分别与本国和来自中国的朋友们合作，拍摄一组照片，用表情和动作反映本课学习到的这些感觉，看看中国人的这些表情和动作与本国的习惯有无不同。

Take some pictures with friends from your homeland and your Chinese friends respectively. Demonstrate what you have learned through expressions and gestures, and see whether Chinese friends' expressions differ from those of your homeland.

2

你是吃米饭还是吃面包?

Nǐ shì chī mǐfàn háishi chī miànbāo?

Objectives 学习目标

- **Learn to use alternative complex sentence;**
  "是……还是……? "
  学会使用选择复句"是……还是……? ";

- **Learn to describe two successive actions with serial verb construction;**
  学会使用连动句表达两个连续的动作;

- **Use "了" to express the completion of actions.**
  学会使用表示完成的"了"。

Ask yourself 问问你自己

When do you usually get up every morning?
你早上一般几点起床?

What do you usually have for breakfast?
你早饭一般吃什么?

How do you ask for sick leave?
生病的时候你用什么方式向老师请假?

第2课 你是吃米饭还是吃面包？

Warm-up 热身

Look at the pictures and talk about your morning schedules. Rearrange those pictures.

看图，说一说你每天早晨都做什么。给下面的图片排列顺序。

吃早饭	穿衣服	去上课	洗脸	运动	刷牙
chī zǎofàn	chuān yīfu	qù shàng kè	xǐ liǎn	yùndòng	shuā yá

词 语
Vocabulary

1	早饭 breakfast zǎofàn	9	疼 ache téng
2	快 hurry up kuài	10	肚子 stomach dùzi
3	刷牙 brush teeth shuā yá	11	别 do not bié
4	洗脸 wash face xǐ liǎn	12	去 go qù
5	面包 bread miànbāo	13	吧 (used at the end ba of a sentence to indicate suggestion)
6	牛奶 milk niúnǎi	14	忘 forget wàng
7	舒服 shūfu comfortable	15	打(电话) dǎ make, call
8	头 head tóu	16	电话 phone diànhuà

17	请假 qǐng jià ask for leave
18	后 after hòu

Word game: "X在Y的左/右边"
词语游戏："X在Y的左/右边"

Work in fours. A says a word, B locates it, C pronounces the word next to it, and D makes a sentence with "X在Y的左/右边".

4人一组，A说出一个词，B找到词语的位置，C说出贴在这个词旁边的词，D用"X在Y的左/右边"说句子。

电话

"电话"在"面包"的左边。

面包

电话 面包

Part 1 第一部分

 1 Listen to the recording and answer questions.

听录音，回答问题。

妈妈: 小红，七点十分了，该起床吃早饭了! 快刷牙、洗脸。
māma: Xiǎohóng, qī diǎn shí fēn le, gāi qǐ chuáng chī zǎofàn le! Kuài shuā yá, xǐ liǎn.

你想吃什么? 是米饭还是面包? 你是喝牛奶还是喝橙汁?
Nǐ xiǎng chī shénme? Shì mǐfàn háishi miànbāo? Nǐ shì hē niúnǎi háishi hē chéngzhī?

小红: 我不想吃饭。
Xiǎohóng: Wǒ bù xiǎng chī fàn.

妈妈: 怎么了?
māma: Zěnme le?

小红: 我很不舒服。
Xiǎohóng: Wǒ hěn bù shūfu.

妈妈: 哪儿不舒服? 是头疼还是肚子疼?
māma: Nǎr bù shūfu? Shì tóu téng háishi dùzi téng?

小红: 我有点儿头疼。
Xiǎohóng: Wǒ yǒudiǎnr tóu téng.

1. 小红怎么了?

2. 她为什么起床了?

妈妈: 是吗? 如果很疼，你今天就别去学校了，去医院看看吧。
māma: Shì ma? Rúguǒ hěn téng, nǐ jīntiān jiù bié qù xuéxiào le, qù yīyuàn kànkan ba.

别忘了打电话请假。晚上我们不去你姐姐家了。
Bié wàng le dǎ diànhuà qǐng jià. Wǎnshang wǒmen bú qù nǐ jiějie jiā le.

她买了一只可爱的小狗。
Tā mǎi le yì zhī kě'ài de xiǎo gǒu.

我们不去看了。
Wǒmen bú qù kàn le.

小红: 妈妈，我起床了! 放学后
Xiǎohóng: Māma, wǒ qǐ chuáng le! Fàngxué hòu

我们去姐姐家。
wǒmen qù jiějie jiā.

妈妈: 你的头不疼了吗?
māma: Nǐ de tóu bù téng le ma?

第2课 你是吃米饭还是吃面包？

 Match and read.
连一连，读一读。

qù jiějie jiā	去学校 ———— 上课	kàn diānyǐng
qù kuàicāndiàn	去姐姐家	看电影	chī fàn
qù xuéxiào	去电影院	吃饭	wán diànnǎo
qù chāoshì	去快餐店	买衬衫	mǎi chènshān
qù diànyǐngyuàn	去超市	玩电脑	shàng kè

 Work with your partner, and fill in the following blanks according to the pictures.
和同伴一起，根据图片完成下面的句子。

1 上个月苹果是绿色的，这个月
苹果是<u>红色的</u>，苹果<u>红了</u>。

2 2006年的时候她的头发很_____，
今年_____。

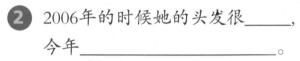

3 昨天有点儿冷，
今天_____。

4 早上我吃了_____，
现在_____。

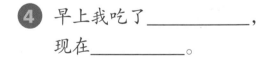

Read the following words and classify them.
读一读下面的词语，然后将它们归类。

洗手　乌龟　洗头发　狗　牛奶　洗脸　鸟　起床　面包　累

吃饭　米饭　玩滑板　疼　熊猫　大象　写　游泳　洗澡　拍

跑步　悲伤　打网球　踢　轻松　生气　伸　刷牙　汉堡　冷

类　别	词　语
日常活动 daily activities	洗手
吃的/喝的 eats/ drink	牛奶
动物 animals	乌龟
动作 actions	写
感觉 feelings	累
运动 sports	玩滑板

 Game of transmission. Work in groups of five or six. The first student chooses a card and acts it out, the rest students copy him/her one by one, and the last student guesses about the word on the card.
传导游戏。5—6人一组，第一个学生抽一张卡片并表演，然后大家依次用动作表演，最后一个学生猜猜看表演的是什么词。

第2课 你是吃米饭还是吃面包?

> **6** Try to use the sentence pattern "是……还是……", and guess the word he/she is thinking of.
> 试着用句型"是……还是……",猜猜他/她心里的词。

Part 2 第二部分

> Read the passage, and decide whether the following statements are true or false.
> 读一读下面的文章,判断正误。

星期六 了,真 高兴,可以 轻松 轻松 了!
Xīngqīliù le, zhēn gāoxìng, kěyǐ qīngsōng qīngsōng le!

妈妈 要 购物,爸爸 要 看 足球 比赛,是 听
Māma yāo gòuwù, bàba yāo kàn zúqiú bǐsài, shì tīng

妈妈 的,还是 听 爸爸 的?
māma de, háishi tīng bàba de?

他们 说:"听 你 的!"
Tāmen shuō: "Tīng nǐ de!"

电话 铃 响 了,是 外公 和 外婆!他们 说:
Diànhuà líng xiǎng le, shì wàigōng hé wàipó! Tāmen shuō:

"听 你们 的。"
"Tīng nǐmen de."

"别 去 购物,也 别 看 比赛,如果 听 我 的,
"Bié qù gòuwù, yě bié kàn bǐsài, rúguǒ tīng wǒ de,

我们 就 去 外公 外婆 家。"姐姐 说。
wǒmen jiù qù wàigōng wàipó jiā." jiějie shuō.

爸爸、妈妈、姐姐 和 我 都 笑 了!
Bàba, māma, jiějie hé wǒ dōu xiào le!

今天 我 太 高兴 了!
Jīntiān wǒ tài gāoxìng le!

Vocabulary 词语

1. 购物 gòuwù
   go shopping
2. 比赛 bǐsài
   match
3. 听……的
   tīng...de
   listen to
4. 铃 líng
   bell
5. 响 xiǎng
   ring
6. 都 dōu
   all
7. 笑 xiào
   laugh

1 妈妈想去看电影。 （　　）

2 爸爸想在家看篮球比赛。 （　　）

3 姐姐想去外婆家。 （　　）

4 爸爸、妈妈不想去外婆家。 （　　）

Pictures and characters
图片汉字

Part 3　　第三部分

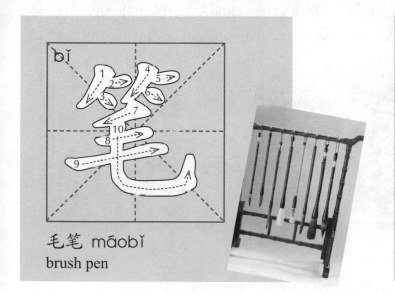

毛笔 máobǐ
brush pen

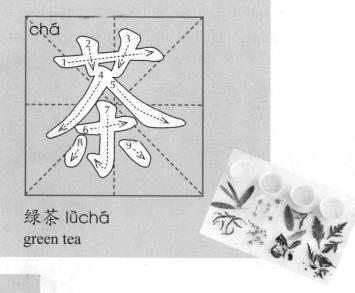

绿茶 lǜchá
green tea

木床 mù chuáng
wooden bed

Experiencing China
体验中国

"四世同堂"和"三口之家"

"四世同堂"指的是一家有祖孙四代人。中国人一般向往"四世同堂"的家庭。"三口之家"是指一对夫妇有一个孩子的小家庭。现在，中国仍然推行"一个家庭一个孩子"的计划生育政策，所以中国人的家庭以"三口之家"为多。

"Four Generations Under the Same Roof" and "The Nuclear Family of Three"

"Four generations under the same roof", an ideal family pattern for Chinese people, means that four generations from great-grandparents to grandsons live together. "The nuclear family of three" refers to a small sized family with a husband, wife, and one child. At present, birth control policy is adopted in China and one couple is allowed to have only one child. This is why most Chinese families are "the nuclear family of three".

Chinese Community
汉语社区

你知道中国人的饮食习惯吗？问问你的中国朋友、邻居中的中国人，或者去唐人街等中国人的居住区，了解一下中国人一日三餐的情况。他们的早餐与你们国家的可能很不同。最好拍些照片与同学们分享。

Do you know about Chinese diet? Ask your Chinese friends or neighbors about it, or go to some Chinese communities such as Chinatown to have a look. Their breakfast may well differ from what you have in your country. Take some pictures to share with your classmates.

③

我和他不一样
Wǒ hé tā bù yíyàng

Objectives 学习目标

● Learn the sentence pattern "一……就……";
掌握 "一……就……" 的用法；

● Learn "在" to express an ongoing activity;
学会使用表示正在进行的 "在"；

● Learn to use the adverb "都";
学会使用副词 "都"；

● Learn the usages of "了" as an expression of both change and completion.
进一步掌握 "了" 的两种用法——表示变化和完成。

Ask yourself 问问你自己

How many good friends do you have?
你有几个好朋友？

What's your common ground?
你们之间最大的共同点是什么？

How do you differ?
你们之间最大的不同点是什么？

What do you like them best for?
你最喜欢好朋友的什么特点？

Warm-up 热身

Which personality do you belong to? What hobbies do you have? How about your good friends?

Are you the same?

你属于哪一种性格，有什么爱好？你的好朋友呢？你们一样吗？

☐ 外向 wàixiàng

☐ 内向 nèixiāng

☐ 喜欢开玩笑 xǐhuan kāi wánxiào

☐ 喜欢上网 xǐhuan shàng wǎng

☐ 喜欢运动 xǐhuan yùndòng

☐ 喜欢看书 xǐhuan kàn shū

☐ 喜欢小动物 xǐhuan xiǎo dòngwù

☐ 喜欢购物 xǐhuan gòuwù

☐ 喜欢明星（super star）xǐhuan míngxīng

☐ 喜欢学外语（foreign language）xǐhuan xué wàiyǔ

词 语
Vocabulary

1	在 be zài	9	和……(不)一样 hé...(bù)yíyàng …(not) the same as…
2	讲 tell jiǎng	10	外向 extravert wàixiàng
3	故事 story gùshi	11	内向 introvert nèixiāng
4	听 listen tīng	12	开玩笑 joke kāi wánxiào
5	西游记 Xīyóu Jì *Journey to the West*	13	多 duō many/much/more
6	百 hundred bǎi	14	能 can néng
7	遍 time(s) biàn	15	只 only zhǐ

8　一……就……
yī...jiù...
… as soon as …

Word game: "to guess the word"
词语游戏："猜词游戏"

Students describe a word in Chinese or with actions, and let the person in chair guess. Check who guesses the most.

大家用汉语或者动作描述词语，让坐在椅子上的同学猜。看谁猜的词语最多。

Part 1 第一部分

 1 **Listen to the recording and answer questions.**

听录音，回答问题。

小美: 谢安在 讲 故事，我们 也 去 听听 吧?
Xiǎoměi: Xiè Ān zài jiǎng gùshi, wǒmen yě qù tīngting ba?

大伟: 他 在 讲 什么 故事?
Dàwěi: Tā zài jiǎng shénme gùshi?

小美: 《西游记》。
Xiǎoměi: "Xīyóu Jì".

大伟: 谢安 是 我 的 好 朋友，这个 故事 我 听 了 一百 遍 了。他 一
Dàwěi: Xiè Ān shì wǒ de hǎo péngyou, zhège gùshi wǒ tīng le yìbǎi biàn le. Tā yì

讲 故事，就 讲 《西游记》。
jiǎng gùshi, jiù jiǎng "Xīyóu Jì".

小美: 你们 是 好 朋友?
Xiǎoměi: Nǐmen shì hǎo péngyou?

大伟: 是 啊。你 不 知道 吗?
Dàwěi: Shì a. Nǐ bù zhīdào ma?

小美: 但是 你 和 他 不 一样 啊。他 一 下课，就 去 上 网。你 一 下课，
Xiǎoměi: Dànshì nǐ hé tā bù yíyàng a. Tā yí xià kè, jiù qù shàng wǎng. Nǐ yí xià kè,

就 去 画画。他 很 外向，你 很 内向。他 喜欢 开 玩笑，
jiù qù huà huà. Tā hěn wàixiàng, nǐ hěn nèixiàng. Tā xǐhuan kāi wánxiào,

你 不 喜欢 开 玩笑。
nǐ bù xǐhuan kāi wánxiào.

大伟: 但是，我们 都 喜欢 看书! 他 家 和 我 家 都 有 很 多 书。
Dàwěi: Dànshì, wǒmen dōu xǐhuan kàn shū! Tā jiā hé wǒ jiā dōu yǒu hěn duō shū.

小美: 我 和 你们 一样，我 也 很 喜欢 看书。你 也 喜欢
Xiǎoměi: Wǒ hé nǐmen yíyàng, wǒ yě hěn xǐhuan kàn shū. Nǐ yě xǐhuan

讲 故事 吧?
jiǎng gùshi ba?

大伟： 对，我也喜欢 讲 故事，但是 我不能 讲。因为 谢安只
Dàwěi: Duì, wǒ yě xǐhuan jiǎng gùshi, dànshì wǒ bù néng jiǎng. Yīnwèi Xiè Ān zhǐ

喜欢 讲 故事，不喜欢 听 故事。
xǐhuan jiǎng gùshi, bù xǐhuan tīng gùshi.

1. 大伟的好朋友
   是谁？他喜欢
   做什么？

2. 大伟为什么不
   能讲故事？

 Complete the sentences with the given words.
用给出的词语完成句子。

例：他一<u>放学</u>，就<u>去外婆家</u>。

1 回家 吃饭 →

2 起床 刷牙 →

3 上课 睡觉 →

4 起床 去跑步 →

5 回家 看电视 →

3 Work with your partner, and make sentences according to the pictures.
和同伴一起，根据图片说句子。

1 我喜欢讲故事，我的中国朋友
_____听故事。我和她不_____。

2 中国人喜欢喝茶(chá, tea)，
美国人喜欢喝_____。
中国人和美国人_____。

3 汤姆将来想___警察，大伟将来
_____。

4 马丽的衬衫是_____的，张红
_____。

5 我喜欢游泳，我的中国朋友_____。

4 Draw a card in turns and act out its content. Other students guess what he/she is doing, using the sentence pattern "在 + Verb".

轮流抽卡片并表演，大家用"在 + 动词"猜猜他/她在做什么。

问：你在……吗？

答：对，我在…… / 不对，我在……。

睡觉	讲故事
看书	写作业
跑步	看电视
购物	打电话
上网	洗衣服
刷牙	踢足球

5 Play the game of "Grabbing the chair". When the teacher says "sit down", those who fail to have a seat should make sentences with one of the following sentence patterns.

仿照下图，做"抢椅子"游戏。老师喊"坐下"时，没有椅子的人要用下面的一个句型造句。

……在……   和……（不）一样   一……就……

我们在学汉语。

1 Read the following diary, and fill in the blanks with the given information.
读下面的日记，根据英语提示填空。

Vocabulary 词语

1. 看见 kànjiàn see
2. 白色 báisè white
3. 性格 xìnggé personality
4. 温柔 wēnróu gentle
5. 活泼 huópō lively
6. 安静 ānjìng quiet

2月9日　星期六　晴

今天 下午，我 在 公园 看见 一只 白色
Jīntiān xiàwǔ,　wǒ zài gōngyuán kànjiàn yì zhī báisè

的 _____(little dog)，它 太 _____(cute) 了！
de　　　　　　　tā tài　　　　　　le!

我 喜欢 大熊猫、狗、鱼 和 乌龟。它们
Wǒ xǐhuan dàxióngmāo, gǒu,　yú hé wūguī. Tāmen

和 我们 一样，也 会 _____(happy) 和 生气。它们
hé wǒmen yíyàng,　yě huì　　　　　hé shēngqì. Tāmen

也 有 性格：大熊猫 很 温柔，狗 很 活泼，
yě yǒu xìnggé: dàxióngmāo hěn wēnróu, gǒu hěn huópō,

乌龟 很 安静……
wūguī hěn ānjìng...

中国 的 大熊猫 很 温柔、很 可爱，
Zhōngguó de dàxióngmāo hěn wēnróu, hěn kě'ài

我 一 看见 它们 就 高兴。但是，___(the teacher) 说，
wǒ yí kànjiàn tāmen jiù gāoxìng. Dànshì,　　　　shuō,

中国 的 大熊猫 不 _____(many) 了！
Zhōngguó de dàxióngmāo bù　　　　　le!

动物 是 我们 的 好 朋友，我们 是
Dòngwù shì wǒmen de hǎo péngyou,　wǒmen shì

动物 的 好 朋友 吗？
dòngwù de hǎo péngyou ma?

2 Ask your partner the following questions.
问一问你的同伴下面的问题。

1 你喜欢什么动物？

2 动物有性格吗？

3 为什么大熊猫不多了？

4 我们是动物的好朋友吗？为什么？

Part3　第三部分

Pictures and characters
图片汉字

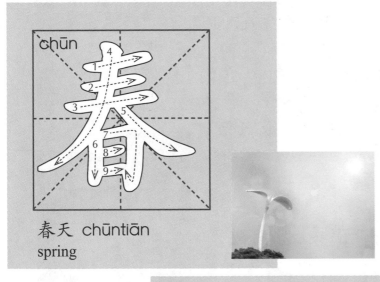

春天 chūntiān
spring

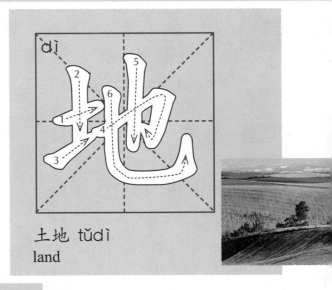

土地 tǔdì
land

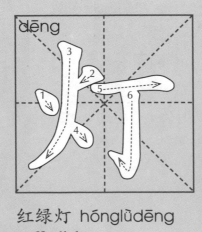

红绿灯 hónglǜdēng
traffic lights

西游记

《西游记》是中国的四大名著之一，讲的是孙悟空、猪八戒和沙僧护送唐僧西天取经的故事，聪明的猴子孙悟空在中国家喻户晓。

Journey to the West

Journey to the West, being one of the most famous four novels in China, tells a story of Monkey King, Pig Guy and Monk Sha escorting Monk Tang to the west for Buddhist scripture. The bright Monkey king is well-known nation-wide in China.

你知道孙悟空有什么本领吗？

Do you know what magical powers the Monkey has?

人们有时候说"人和人是一样的"，有时候又说"人和人是不一样的"。你的印象中，中国人和你们国家的人一样还是不一样？用图画、符号或者文字等来描述你印象中的中国人，他们和你们国家的人有什么不同？

Sometimes people say "people are all alike", sometimes they say "people are different." Are the Chinese and people in your country alike or different in your eyes? Describe your impression of the Chinese and tell how they are different from you.

4

图书馆和教室都没有座位
Túshūguǎn   hé   jiàoshì   dōu   méiyǒu   zuòwèi

Objectives 学习目标

- **Learn the sentence pattern** "从……到……";
  掌握 "从……到……" 的用法;

- **Learn to use the adverb** "更";
  学会使用副词 "更";

- **Learn to use the exclamation** "多……啊!" in context.
  学会在恰当的语境中使用感叹句 "多……啊!"。

Ask yourself 问问你自己

What facilities do you have in your school?
你的学校有哪些教学设施?

Where do you like to read in the school?
你喜欢在学校的什么地方看书?

Where is the air the best in your school?
学校什么地方空气最好?

Warm-up 热身

The following pictures are taken in Xiaomei's school. Look at these sentences and decide which sentence refers to which picture.

下面几幅图是小美的学校，看看下面的句子分别描述的是哪幅图。

A    B    C    D

1 学校的操场很大，操场的四边都有看台。   (　　)

2 我们有一个汉语教室，可以在那儿看中国电影。   (　　)

3 我们在实验室上自然科学课。   (　　)

4 我们的图书馆很小，但是有很多有趣的故事书。   (　　)

词 语 Vocabulary

#	词语
1	哎 Hey āi
2	怎么 why zěnme
3	实验室 lab shíyànshì
4	座位 seat zuòwèi
5	从……到…… cóng...dào... from ... to ...
6	这样 like this zhèyàng
7	办法 way bànfǎ
8	图书馆 túshūguǎn library
9	更 morc gèng
10	多(……啊) duō(...a) so...
11	教室 classroom jiāoshì
12	要不 or yàobù
13	操场 cāochǎng playground
14	上 on shàng
15	天空 sky tiānkōng
16	干净 clean gānjìng
17	空气 air kōngqì
18	跑道 pǎodào runway
19	看台 stand kàntái
20	草坪 lawn cǎopíng

Word game "the Great Wall"
词语游戏："走长城"

The class shall be divided into two groups, and cach group moves along the "Great Wall of Cards". Read out the word you stop on. Restart with the next student if one gets thc word wrong.

全班分为两组，分别依次从"卡片长城"的两端开始。走到哪张卡片上，就要读出那个生词，读错了要换下个同学从头开始。

Listen to the recording and answer questions.

听录音，回答问题。

马丽：哎？汤姆，你 怎么 回 家 了？
Mǎ Lì：Āi？ Tāngmǔ, nǐ zěnme huí jiā le?

汤姆：实验室 里没有 座位 了。从 星期一 到 星期五，都 是 这样。
Tāngmǔ：Shíyànshì li méiyǒu zuòwèi le. Cóng xīngqīyī dào xīngqīwǔ, dōu shì zhèyàng.

真 没 办法！
Zhēn méi bànfǎ!

马丽：图书馆 呢？去 图书馆 看书、 上 网，多 好 啊！
Mǎ Lì：Túshūguǎn ne? Qù túshūguǎn kàn shū, shàng wǎng, duō hǎo a!

汤姆：图书馆 的人 更 多， 图书馆 和 教室 都 没有 座位。
Tāngmǔ：Túshūguǎn de rén gèng duō, túshūguǎn hé jiàoshì dōu méiyǒu zuòwèi.

马丽：要不，你去 操场 上 看书吧。蓝色的天空，干净 的 空气，
Mǎ Lì：Yàobù, nǐ qù cāochǎng shang kàn shū ba. Lánsè de tiānkōng, gānjìng de kōngqì,

多 轻松 啊！ 如果 累了， 你 就 跑跑步。
duō qīngsōng a! Rúguǒ lèi le, nǐ jiù pǎopao bù.

汤姆： 操场 上 有 球队在比赛，跑道 和 看台 上 都是人。
Tāngmǔ：Cāochǎng shang yǒu qiúduì zài bǐsài, pǎodào hé kàntái shang dōu shì rén.

马丽：要不,你可以 去草坪 上 看书!在绿色的草坪上 看书,多 舒服啊!
Mǎ Lì：Yàobù, nǐ kěyǐ qù cǎopíng shang kàn shū! Zài lǜsè de cǎopíng shang kàn shū, duō shūfu a!

汤姆：今天 中午 有云,有点儿 凉。
Tāngmǔ：Jīntiān zhōngwǔ yǒu yún, yǒudiǎnr liáng.

马丽：如果有 太阳 就 糟糕 了! 中午 在
Mǎ Lì：Rúguǒ yǒu tàiyáng jiù zāogāo le! Zhōngwǔ zài

草坪 上, 一有 太阳, 你 就 想
cǎopíng shang, yì yǒu tàiyáng, nǐ jiù xiǎng

睡 觉!
shuì jiào!

1. 汤姆为什么回家了？

2. 他为什么不喜欢在草坪上看书？

2 **Follow the example and finish the following sentences.**
仿照例子，完成句子。

例：操场上有很多人。教室里也有很多人。→操场上和教室里都有很多人。

1 马克喜欢吃面包。玛丽也喜欢吃面包。

2 昨天的汉语作业很多。今天的汉语作业也很多。

3 足球比赛很有趣。篮球比赛也很有趣。

4 我很内向。我弟弟也很内向。

3 **Look at the pictures and circle.**
看图，圈一圈。

1
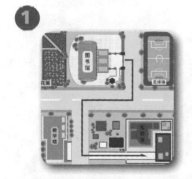
从教室/图书馆到实验室

2
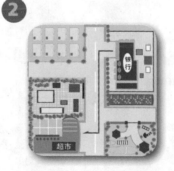
从超市到邮局/银行

3

从曼谷到巴黎/北京

4

从星期一到星期五/星期六

5

从上午到下午/晚上

6

从八点到九点/九点半

Choose the proper word to fill in the blanks. You can use them more than once if necessary. 选词填空，词语可重复使用。

都	多……啊	和……一样	一……就……
很	但是	从……到……	如果……就……

　　我每天早晨＿＿＿＿＿起床＿＿＿＿＿＿去跑步，早晨的空气＿＿＿＿＿干净＿＿＿＿＿＿。＿＿＿＿＿＿星期一＿＿＿＿＿＿星期五，我都去学校上课。我的学校很大，＿＿＿＿＿＿公园＿＿＿＿＿＿，＿＿＿＿＿＿漂亮！我们下午三点放学。我＿＿＿＿＿＿放学＿＿＿＿＿＿去图书馆，＿＿＿＿＿＿常常没有座位，＿＿＿＿＿＿图书馆＿＿＿＿＿＿实验室＿＿＿＿＿＿没有座位。＿＿＿＿＿＿没有座位，我＿＿＿＿＿＿回家写作业。我每天晚上十点睡觉。

 Group activity. Work in threes or fours, and perform a role play with the sentence patterns provided below.
小组表演。3—4人一组，编排一个小话剧，尽量使用下面的句型。

是……还是……
一……就……
多……啊
都
从……到……
和……一样

参考情境：Situations
1. 和笔友见面聊天。
   to meet a pen friend
2. 到中国餐厅吃饭。
   to go to a Chinese restaurant
3. 第一次到国外旅游。
   to have a trip abroad for the first time

Part 2 第二部分

> The following pictures are about a school. Listen to the recording and complete the description of the school.
>
> 下面是几张学校的照片，听录音，把有关学校的介绍补全。

Vocabulary 词 语

1. 墙 qiáng wall
2. 餐厅 cāntīng cafeteria
3. 东西 dōngxi things
4. 办公室 bàngōngshì office
5. 礼堂 lǐtáng hall

这是我们学校的_____。这儿有很
Zhè shì wǒmen xuéxiào de   Zhèr yǒu hěn

多____的故事书。在这儿可以看书、____。
duō   de gùshìshū.   Zài zhèr kěyǐ kàn shū,

我们 学校 的 操场 不大也不小， 在
Wǒmen xuéxiào de cāochǎng bú dà yě bù xiǎo,   zài

这儿可以打_____，玩_____。这个_____，
zhèr   kěyǐ dǎ   wán   Zhège

有一个足球_____。
yǒu yí gè zúqiú

这是我们的教室，教室的墙 上有
Zhè shì wǒmen de jiàoshì, jiàoshì de qiáng shang yǒu

很_____我们 画的画。
hěn   wǒmen huà de huà.

我们 的 餐厅 在 学校 的_____，餐厅里
Wǒmen de cāntīng zài xuéxiào de   cāntīng li

的厨师 都 很 可爱。餐厅里的东西 很_____。
de chúshī dōu hěn kě'ài. Cāitīng li de dōngxi hěn

这是_____的办公室，她的 办公室
Zhè shì   de bàngōngshì, tā de bàngōngshì

很_____。
hěn

我们 学校 有 一 个 小 礼堂，礼堂 里 有
Wǒmen xuéxiào yǒu yí gè xiǎo lǐtáng, lǐtáng li yǒu

四百个 _____。
sìbǎi gè

Part 3　第三部分

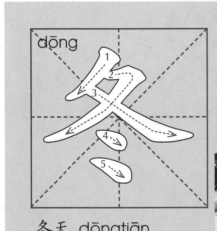

dōng

冬天 dōngtiān
winter

fàn

米饭 mǐfàn
rice

hǎo

你好 nǐ hǎo
How are you?

秦始皇和兵马俑

兵马俑被誉为"世界第八大奇迹"。这些陶制的士兵站在秦始皇的墓中，守卫着中国的第一个皇帝。秦始皇（公元前259—公元前210）统一了中国，建立了秦朝。他还统一了货币和度量衡，给中国的发展带来了很大影响。长城就是他在位期间修筑的。

"Qin Shi Huang" and Terra Cotta Warriors

Terra Cotta Warriors are regarded as "the Eighth Wonder of the World". Those clay warriors stand guard over Qin Shi Huang, the first Chinese emperor, in his grave. Qin Shi Huang (259 BC—210BC) united China and established the Qin Dynasty. He also issued standard currency, weights and measures, which has exerted great influence over China's development. The Great Wall was built during his reign.

你知道兵马俑在中国的哪个城市吗？

Do you know which city Terra Cotta Warriors stand in?

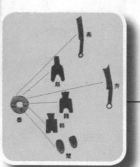

画一张你们校园的地图，用汉语标上教学建筑和教学设施的名称。不会的词可以问老师，或者自己查字典。

Draw a picture of your school, and mark the teaching buildings and facilities in Chinese. Turn to your teacher if you encounter a new word, or check it in the dictionary by yourself.

复习课1
Review Lesson 1

1 Examine the bracket to see whether there are the words listed below.

找一找，格子里有没有下面列出的词语。

| 如果 | 高兴 | 消息 | 可以 | 比赛 | 故事 | 看见 | 干净 |
| 教室 | 球队 | 生气 | 请假 | 面包 | 洗脸 | 舒服 | 餐厅 |

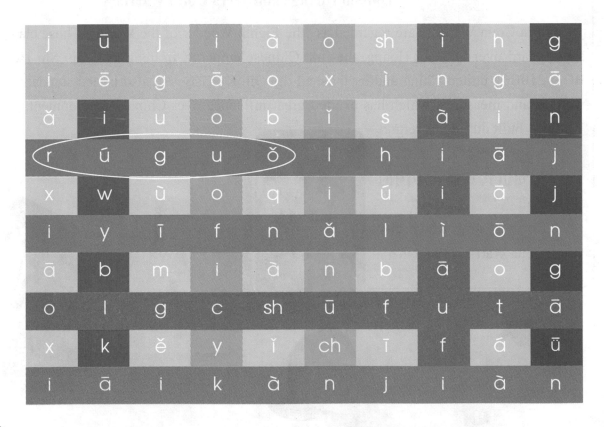

2 Choose the right word to fill in the blanks, then read them aloud.

选择合适的词填空完成句子，然后读一读。

1. 下课后，我们（　）去上网吗？　　　A. 想　　B. 可以

2. 我们周末去爷爷家（　）。　　　A. 吗　　B. 吧

3. 上课的时候，他的手机（　）了。　　　A. 响　　B. 没

4. 爸爸和我（　）喜欢看篮球比赛。　　A. 都　　B. 能

5. 今天的汉语作业很（　）。　　A. 大　　B. 多

6. （　）明天有雨，我就不去游泳了。　　A. 如果　　B. 但是

7. 现在天很热，（　）吃不干净的东西。　　A. 别　　B. 不

8. 听说汉语老师（　）学英语。　　A. 现在　　B. 在

③ Work in pairs and interview each other.

两人一组，互相提问。

1. 你的性格是内向还是外向？

2. 你高兴的时候喜欢做什么？

3. 你生气的时候喜欢做什么？

4. 你喜欢讲故事还是听故事？你的好朋友和你一样吗？

5. 你早饭喜欢吃什么？你的家人和你一样吗？

6. 从星期一到星期五，你在哪儿看书、写作业？周末呢？

④ Find out wrong characters.

找错字。

好　春　办　笔　床　地　东　苶　饭　安　灯　爸

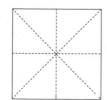 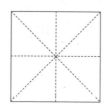 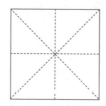 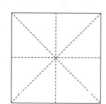

⑤ Complete the following passage with proper words, then read it aloud.

选择合适的词语，补全下面的短文，然后读一读。

　　我有一只小狗，它的名字叫豆豆。爸爸、妈妈和我①_____很喜欢它。豆豆很活泼，也很聪明，②_____有时候也很调皮（naughty）。

上个星期的一天，豆豆的嘴③＿＿＿＿＿很红。"怎么了？豆豆，你的嘴怎么红了？你不舒服吗？是不是吃了不干净的东西？"

半个小时后，妈妈说："我的口红（lipstick）怎么④＿＿＿＿＿了？"

"糟糕！豆豆，你吃⑤＿＿＿＿＿妈妈的口红？！"

①A 也　　　B 都　　　C 不　　　D 就
②A 因为　　B 如果　　C 还是　　D 但是
③A 看见　　B 感到　　C 看起来　　D 可以
④A 没　　　B 忘　　　C 去　　　D 多
⑤A 的　　　B 了　　　C 到　　　D 去

5

一边运动，一边听音乐
Yìbiān yùndòng, yìbiān tīng yīnyuè

Objectives 学习目标

- Learn the compound complex sentence "一边……一边……";
  掌握并列复句"一边……一边……"的用法;

- Learn to use the dynamic auxiliary "着";
  学会使用动态助词"着";

- Master the demonstrative pronoun "这么";
  掌握指示代词"这么"的用法;

- Learn to express doubt with "是不是……".
  学会使用"是不是……"表示疑问。

Ask yourself 问问你自己

Are you acquainted with your neighbors?
你和你的邻居熟悉吗?

Do you or your neighbors like to take morning exercise?
你或你的邻居喜欢晨练吗?

Do you or your neighbors have any pets?
你或你的邻居养宠物吗?

What are the pets' names?
这些宠物都叫什么名字?

第5课 一边运动，一边听音乐

Warm-up 热身

Look at these pictures and guess what they are doing.

看图，猜一猜图里的人都在做什么？

- ☐ 打电话 dǎ diànhuà
- ☐ 跑步 pǎo bù
- ☐ 听音乐 tīng yīnyuè
- ☐ 踢毽子 tī jiànzi
- ☐ 打太极拳 dǎ Tàijí quán
- ☐ 打羽毛球 dǎ yǔmáoqiú

词语 Vocabulary

1	戴 wear dài	9	早 early zǎo	
2	着 (added to a verb zhe or adjective to indicate a continued action or state)	10	亮 light liàng	
3	耳机 headphones ěrjī	11	跟……一起…… gēn…yìqǐ… together with …	
4	音乐 music yīnyuè	12	眼镜 glasses yǎnjìng	
5	一边……一边…… yìbiān…yìbiān… …while…	13	清楚 clear qīngchu	
6	运动 sports yùndòng	14	遛 walk liù	17 挺(……的) quite tǐng(…de)
7	对了 by the way duì le	15	座 measure word zuò (for mountains)	18 适合 fit shìhé
8	这么 so zhème	16	山 mountain shān	19 壮实 sturdy zhuàngshi

Word game "–1"
词语游戏："–1"

The rules of the game are on page 10.
游戏规则见第10页。

耳机	音乐	运动	眼镜
清楚	遛狗	适合	壮实

Part 1 第一部分

1 Listen to the recording and answer questions.
听录音，回答问题。

凯特: 刘阿姨，早晨 好!
Kǎitè:　Liú āyí,　zǎochén hǎo!

刘阿姨: 早晨 好!
Liú āyí: Zǎochén hǎo!

凯特: 您 怎么 戴 着 耳机 啊? 您 在 听 音乐 吗?
Kǎitè: Nín zěnme dài zhe ěrjī a? Nín zài tīng yīnyuè ma?

刘阿姨: 是 啊，我 一边 运动，一边 听 音乐。对了，今天 是 周末，
Liú āyí: shì a,　wǒ yìbiān yùndòng, yìbian tīng yīnyuè. Duì le,　jīntiān shì zhōumò,

你 怎么 这么 早 就 起 床 了?
nǐ zěnme zhème zǎo jiù qǐ chuáng le?

凯特: 是 啊，天 一 亮，我 就 跟 爷爷一起 起 床 运动 了。
Kǎitè: Shì a,　tiān yí liàng, wǒ jiù gēn yéye yìqǐ　qǐ chuáng yùndòng le.

刘阿姨: 你 爷爷 在 哪儿 呢? 我 没 戴 眼镜，看 不 清楚。
Liú āyí: Nǐ yéye zài nǎr ne? Wǒ méi dài yǎnjìng, kàn bu qīngchu.

凯特: 他 在 那儿，一边 跑步，一边 遛狗。
Kǎitè: Tā zài nǎr,　yìbiān pǎobù,　yìbiān liù gǒu.

刘阿姨: 对了，你们 家 的 那 只 狗 叫 什么 名字? 是 不 是 叫 泰森?
Liú āyí: Duì le,　nǐmen jiā de nà zhī gǒu jiào shénme míngzi? Shì bu shì jiào Tàisēn?

凯特: 刘阿姨,它 叫 泰山，不 是 泰森。泰山 是 中国 的 一 座 山。
Kǎitè:　Liú āyí,　tā jiào Tài Shān,　bú shì Tàisēn. Tài Shān shì Zhōngguó de yí zuò shān.

刘阿姨: 呵呵，没关系，这 两 个 名字
Liú āyí: Hēhe,　méi guānxi, zhè liǎng gè míngzi

都 挺好 的，都 挺 适合它
dōu tǐng hǎo de , dōu tǐng shìhé tā

的。看，它 多 壮实 啊!
de. Kàn,　tā duō zhuàngshi a!

> 1. 刘阿姨 在 做 什么?
>
> 2. 凯特 的 狗 叫 什么 名字?

第5课 一边运动，一边听音乐

 Choose the proper verb to fill in the blanks. You can use them more than once if necessary.

选择合适的动词填空，词语可重复使用。

听　　戴　　打　　讲　　写

玩　　吃　　看　　踢　　喝

1 ＿＿＿＿＿＿ 着眼镜　　2 ＿＿＿＿＿＿ 着音乐　　3 ＿＿＿＿＿＿ 着电视

4 ＿＿＿＿＿＿ 着作业　　5 ＿＿＿＿＿＿ 着足球　　6 ＿＿＿＿＿＿ 着电话

7 ＿＿＿＿＿＿ 着耳机　　8 ＿＿＿＿＿＿ 着故事　　9 ＿＿＿＿＿＿ 着面包

10 ＿＿＿＿＿＿ 着牛奶　　11 ＿＿＿＿＿＿ 着篮球　　12 ＿＿＿＿＿＿ 着滑板

Group activity. Work in threes. Student A acts, student B makes a sentence with "他在……", and student C makes a sentence with "一边……一边……".

小组活动。三人一组，A表演，B使用"他在……"造句，C用"一边……一边……"造句。

他在跑步。

他一边跑步，一边听音乐。

4 Make sentences as directed by the following pictures. Divide the whole class into three groups. The first and second groups describe "who", and the third group describes "what to do". Then make sentences with "X和Y一起……" and see whether these sentences make sense.

仿照下图，做造句游戏。全班分为三组，第一组和第二组分别写"谁"，第三组写"做什么"，用"X和Y一起……"造句，看看哪些句子是合理的。

5 Experience the ball game. When the drumming stops, the student with the ball should make a sentence with "一边……一边……" or "跟…… 一起……".

体验球游戏。敲击声停的时候，球到谁的手里，谁就用"一边……一边……"或"跟……一起……"造句。

Part 2 第二部分

1 Listen to the recording and fill in the blanks.
听录音，填空。

我 今年 夏天 要去_____，那儿 有 一个
Wǒ jīnnián xiàtiān yào qù   nàr yǒu yí gè

夏令营。我 在 看 这个 夏令营 的 广告，
xiàlìngyíng. Wǒ zài kàn zhège xiàlìngyíng de guǎnggào,

你 也 _____ 吧。
nǐ yě   ba.

这个 夏令营 有 美国人、韩国人、
Zhège xiàlìngyíng yǒu Měiguórén, Hánguórén,

日本人、法国人 和 _____。夏令营 的 _____
Rìběnrén, Fǎguórén hé   Xiàlìngyíng de

很 漂亮，有 一个 很 大 的 游泳池。在
hěn piàoliang, yǒu yí gè hěn dà de yóuyǒngchí. Zài

这个 夏令营，可以 _____ 藤球、滑板、
zhège xiàlìngyíng, kěyǐ   téngqiú, huábǎn,

羽毛球、排球、棒球、足球、篮球、_____
yǔmáoqiú, páiqiú, bàngqiú, zúqiú, lánqiú,

和 网球。
hé wǎngqiú.

Vocabulary 词 语

1. 夏天 xiàtiān summer
2. 夏令营 xiàlìngyíng summer camp
3. 广告 guǎnggào advertisement
4. 游泳池 yóuyǒngchí swimming pool
5. 棒球 bàngqiú baseball
6. 对象 duìxiàng object
7. 联系人 liánxìrén contact
8. 电子邮件 diànzǐ yóujiàn Email
9. 休息 xiūxi rest
10. 活动 huódòng activity

Read the advertisement and schedule of the summer camp and decide whether the following statements are true or false.

读一读夏令营的广告和时间表，判断正误。

北京汉语夏令营

对　　象：　10－17岁的男孩和女孩
时　　间：　7月22日－8月1日
电　　话：　010－58556336
联 系 人：　张老师　　王老师
电子邮件：　bjxialingying@126.com

夏令营时间表

08:50－09:45	汉语课
09:50－10:45	艺术课
10:45－10:55	休息
10:55－12:40	看电影
12:40－14:00	午饭
14:00－16:00	汉语课
16:00－17:30	体育活动
17:30－18:15	晚饭
22:30	睡觉

1 8岁的男孩不能去这个夏令营。　　　　　（　　）

2 这个夏令营的时间是两个星期。　　　　　（　　）

3 可以联系张老师，也可以联系王老师。　（　　）

4 夏令营里有数学课。　　　　　　　　　　（　　）

5 看电影的时间是上午十点。　　　　　　　（　　）

6 上午和下午都有汉语课。　　　　　　　　（　　）

Pictures and characters
图片汉字

看书 kàn shū
read a book

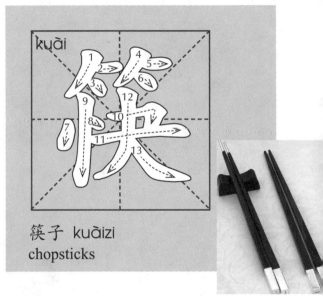

筷子 kuàizi
chopsticks

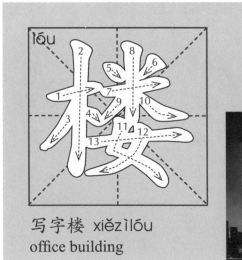

写字楼 xiězìlóu
office building

Experiencing China
体验中国

中国刺绣

刺绣，是中国著名的传统手工艺品，已有3 000多年的历史。人们用丝、绒或棉线，在绸缎和布帛上穿孔引线，绣出各式各样的花纹和图案。现在有的刺绣作品远看像画、像照片，近看才知道是绣出来的。

Chinese Embroidery

As a traditional craft, embroidery has been one of China's most famous feats for over 3000 years. People work on satin and cloth, and make various designs with silk or cotton thread. Some embroideries look like a picture or a photo from a distance and won't be known as handmade unless you come near.

你们国家也有刺绣吗？和中国的刺绣有什么不一样？

Are there any embroideries in your country? Are they different from the Chinese ones?

Chinese Community
汉语社区

这几张照片是北京的一个居民小区和小区里的体育设施，与你们那里的小区有何不同？用图画、照片或者文字等来描述你的发现吧。

The following pictures are some gym facilities in one community in Beijing. Are they different from those in your community? Describe your discoveries with pictures, photos or words.

6

我是不是应该戴方形的眼镜？
Wǒ shì bu shì yīnggāi dài fāngxíng de yǎnjìng?

Objectives 学习目标

- Learn to use the modal verb "应该";
  学会使用能愿动词"应该"；

- Learn to use the complement of degree;
  学会使用程度补语；

- Learn the difference between "一点儿" and "有点儿".
  初步掌握"一点儿"和"有点儿"的区别。

Ask yourself 问问你自己

Are you or your family members nearsighted?
你或你的家人近视吗？

How many of your classmates wear glasses?
班里戴眼镜的同学多吗？

What bad habits do you think will lead to nearsightedness?
你觉得什么习惯会导致近视？

warm-up 热身

What are they doing? What will do them good and what won't?

他们在做什么？哪些事情对健康有好处？哪些不好？

1 

2 

3 

4 

5 

词语 Vocabulary

1. 字 character zì
2. 黑板 blackboard hēibǎn
3. 越来越 yuèláiyuè more and more
4. 没错 méicuò That's right.
5. 近视 jìnshì nearsighted
6. 上星期 shàng xīngqī last week
7. 用 use yòng
8. 投影仪 tóuyǐngyí projector
9. 最近 recently zuìjìn
10. 游戏 game yóuxì
11. 应该 should yīnggāi
12. 少 less shǎo
13. 一点儿 yìdiǎnr a little
14. 方形 square fāngxíng
15. 圆形 round yuánxíng
16. 难看 ugly nánkàn
17. 隐形眼镜 yǐnxíng yǎnjìng contact lense

Word game: "X is on/to Y's left/right"

词语游戏："X在Y的左/右边"

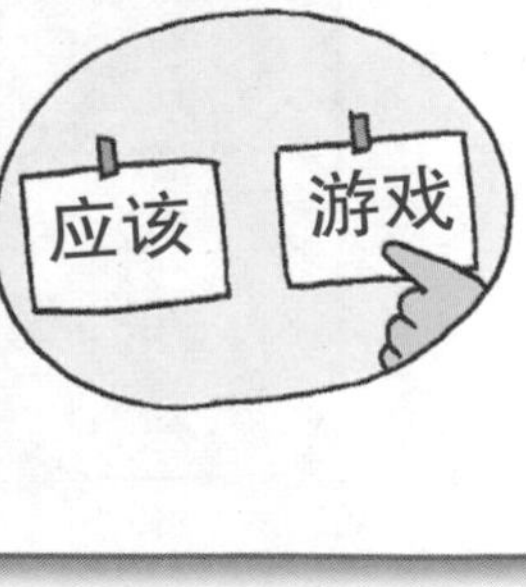

Part 1   第一部分

 Listen to the recording and answer questions.
听录音，回答问题。

丽丽： 汤姆，那两个字是不是"蛋糕"啊？我看不清楚，
Lìli: Tāngmǔ, nà liǎng gè zì shì bu shì "dàngāo" a? Wǒ kàn bu qīngchu,

真糟糕，黑板上的字越来越模糊了。
zhēn zāogāo, hēibǎn shang de zì yuèláiyuè mōhu le.

汤姆： 没错，那两个字就是"蛋糕"。很清楚啊。你是不是近视了？
Tāngmǔ: Méicuò, nà liǎng gè zì jiù shì "dàngāo". Hěn qīngchu a. Nǐ shì bu shì jìnshì le?

丽丽： 上星期用投影仪看电影，我看得很清楚呀！
Lìli: Shàng xīngqī yòng tóuyǐngyí kàn diànyǐng, wǒ kàn de hěn qīngchu ya!

汤姆： 最近你玩游戏的时间是不是太长了？
Tāngmǔ: Zuìjìn nǐ wán yóuxì de shíjiān shì bu shì tài cháng le?

丽丽： 我玩游戏的时间有点儿长。我应该少玩一点儿了。
Lìli: Wǒ wán yóuxì de shíjiān yǒudiǎnr cháng. Wǒ yīnggāi shǎo wán yìdiǎnr le.

汤姆： 你应该戴眼镜。
Tāngmǔ: Nǐ yīnggāi dài yǎnjìng.

丽丽： 我是不是应该戴方形的眼镜？我戴圆形的眼镜难看吧？
Lìli: Wǒ shì bu shì yīnggāi dài fāngxíng de yǎnjìng? Wǒ dài yuánxíng de yǎnjìng nánkàn ba?

汤姆： 应该不难看。如果都不好看，你就戴隐形眼镜吧！
Tāngmǔ: Yīnggāi bù nánkàn. Rúguǒ dōu bù hǎokàn, nǐ jiù dài yǐnxíng yǎnjìng ba!

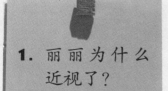

1. 丽丽为什么
   近视了？

2. 汤姆觉得丽丽
   应该戴什么样
   的眼镜？

2 Link and read.

连一连，读一读。

pǎo	看	很清楚	hěn duō
tī	听	很明白	hěn hǎo
kàn	跑	很快	hěn qīngchu
tīng	踢 得	很好	hěn míngbai
wán	写	很漂亮	hěn gāoxìng
xiě	吃	很多	hěn kuài
chī	玩	很高兴	hěn piàoliang

3 Choose the proper words to fill in the blanks.

选词填空。

一点儿	越来越	应该	好看
清楚	最近	近视	适合

1 我看得很_____，王爷爷的狗是黑色的。

2 我_____喜欢学物理。

3 我戴方形的眼镜_____吗？

4 _____操场的空气很干净。

5 我们的眼睛都很好，都不_____。

6 我可以多吃_____蛋糕吗？

7 红色的帽子不_____你。

8 老师说不_____在上课的时候吃东西。

Work in pairs and make sentences with "越来越……" as well as the following words.
两人一组,用"越来越……"搭配下面的词语造句。

例:他越来越帅。

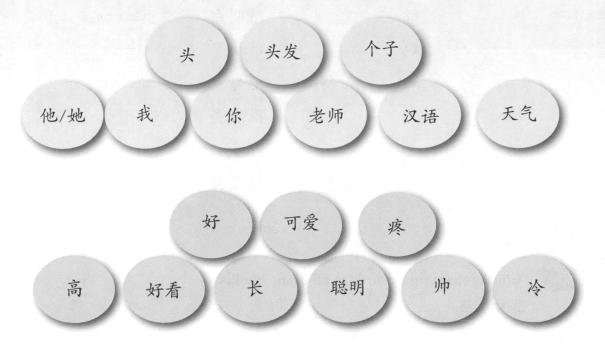

头　　头发　　个子

他/她　　我　　你　　老师　　汉语　　天气

好　　可爱　　疼

高　　好看　　长　　聪明　　帅　　冷

 Class activity—"A talking ball". Work in groups of six and each group should be divided into two teams. Members of each team hit the ball in turns, and recite a word or sentence from the text.

全班游戏——说话球。6人一组,每组分两队。两队的同学轮流击球,击球的同时必须说出本课的一个生词或句子。

Part 2 第二部分

 Read the following passage and answer questions.
读一读下面的文章，回答问题。

今天 是 周末，小美 和 爷爷 在 家里 休息。
Jīntiān shì zhōumò, Xiǎoměi hé yéye zài jiāli xiūxi.

小美 问 爷爷："您 看书、写字 的 时候，为什么
Xiǎoměi wèn yéye: "Nín kàn shū, xiě zì de shíhou, wèishénme

都 戴着 眼镜 呢？"爷爷 说："戴着 眼镜 看 得 清楚
dōu dàizhe yǎnjìng ne?" Yéye shuō: "Dàizhe yǎnjìng kàn de qīngchu

啊。"小美 说："我 知道 了，因为 眼镜 大，
a." Xiǎoměi shuō: "Wǒ zhīdào le, yīnwèi yǎnjìng dà,

眼睛 小。"
yǎnjing xiǎo,"

小美 说 的 当然 不对。人 老 了，眼睛 会 花。
Xiǎoměi shuō de dāngrán bú duì. Rén lǎo le, yǎnjing huì huā.

人 的 眼睛 什么 时候 会 花 呢？一般 在 50 岁 左右。
Rén de yǎnjing shénme shíhou huì huā ne? Yībān zài wǔshí suì zuǒyòu.

眼睛 花 了 就 应该 戴 老花镜。
Yǎnjing huā le jiù yīnggāi dài lǎohuā jìng.

近视 应该 戴 什么 眼镜 呢？当然 是 近视镜。
Jìnshì yīnggāi dài shénme yǎnjìng ne? Dāngrán shì jìnshìjìng.

近视镜 是 凹透镜。所以 在 近视 的 眼睛 前面
Jìnshìjìng shì āotòujìng. Suǒyǐ zài jìnshì de yǎnjing qiánmian

放 一 个 凹透镜，也 能 看 清楚。
fàng yí gè āotòujìng, yě néng kàn qīngqu.

Vocabulary 词 语

1. 问 wèn
   ask
2. 对 duì
   right
3. 老 lǎo
   old
4. 花(眼) huā
   preshyopia
5. 左右 zuǒyòu
   or so
6. 凹透镜
   āotòujìng
   concave lens
7. 所以
   suǒyǐ
   therefore
8. 前面 qiánmian
   front
9. 放 fàng
   place, put

1. 小美的爷爷什么时候戴眼镜？
2. 人的眼睛什么时候会花？

Pictures and characters
图片汉字

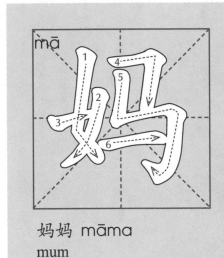

妈妈 māma
mum

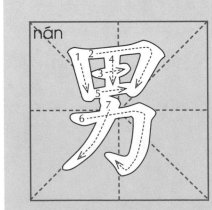

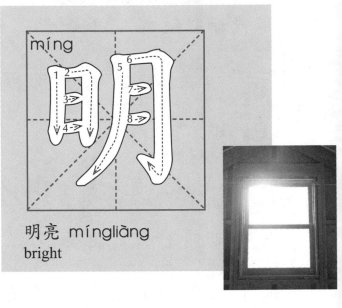

明亮 míngliàng
bright

男孩儿 nánháir
boy

Experiencing China
体验中国

中医和中药

中国人很早就懂得用医药来治病疗伤，保障自己的健康。说起中医，你一定能想到中药和针灸。其实除了这两种，中医还有按摩、拔火罐、气功等多种治疗方法。在中国，有一些专门的中医医院和诊所。另外，现在有很多中药也做成了胶囊和药丸，方便人们服用。

The Traditional Chinese Medical Theory and Chinese Medicine

The Chinese learned to use medicine to restore their health at a very early time. The phrase "traditional Chinese medical theory" probably reminds you of Chinese medicine and acupuncture. In fact, it contains much more ways of treatment such as massage, cupping and "qigong". In China there are some hospitals and clinics specialized in traditional Chinese medical theory. Many Chinese medicine have been made into capsules and pills for the sake of convenience.

你和你的家人或朋友有没有看过中医、吃过中药？

Have you ever seen a Chinese doctor or taken Chinese medicine?

Chinese Community
汉语社区

你了解中医吗？咨询你的中国朋友，或者上网搜索相关资料，把你的发现与同学们分享一下。

Do you know anything about the traditional Chinese medical theory? Consult your Chinese friends or find some information on the Internet, and share your findings with your classmates.

7

42元人民币大约是6美元

Sìshí'èr yuán Rénmínbì dàyuē shì liù Měiyuán

Objectives 学习目标

● Master the comparative sentence with "比";
掌握用"比"的比较句;

● Master the use of the coherence complex sentence "先……然后……";
掌握承接复句"先……然后……"的用法;

● Learn to inquire by using "……怎么样了?".
学会使用"……怎么样了?"询问情况。

Ask yourself 问问你自己

Do you know the currencies of any countries?
你知道哪些国家的货币名称?

Have you ever been to the bank for money exchange?
你去银行换过外汇吗?

Where else can you go for money exchange in addition to the banks?
除了银行,还有哪些地方可以换外汇?

Warm-up 热身

Listen and read.

听录音，读一读。

11元	26元	75元	98元
38.5元	46.27元	49.5元	58.39元
100元	168元	182元	200元
214.8元	589.65元	654.7元	917.32元

词语
Vocabulary

1	礼物 lǐwù present, gift	9	换 exchange huàn	
2	事情 matter shìqing	10	钱 money qián	
3	八字还没一撇 bā zì hái méi yì piě It has not got to the first base!	11	售货员 shòuhuòyuán salesperson	
4	咱们 we zánmen	12	元 Yuan yuán	
5	先……然后…… xiān...ránhòu... first, and then ...	13	人民币 Rénmínbì RMB	
6	计划 plan jìhuà	14	汇率 huìlǜ exchange rate	
7	机场 airport jīchǎng	15	比 than bǐ	
8	前 ago qián	16	大约 about dàyuē	

17 美元 US dollar Měiyuán		19 这些 these zhèxiē	
18 便宜 cheap piányi		20 制造 make zhìzào	

Word game: "Walk Along the Great Wall"

词语游戏： "走长城"

As for the game rule, please read Page 27.

游戏规则见第27页。

Part 1 第一部分

 Listen to the recording and answer questions

听录音，回答问题。

弟弟：这么 快 就 要 回家 了。
dìdi: Zhème kuài jiù yào huí jiā le.

哥哥：礼物 的 事情 怎么样 了？
gēge: Lǐwù de shìqing zěnmeyàng le?

弟弟：八字 还 没 一 撇 呢！
dìdi: Bā zì hái méi yì piě ne!

哥哥：咱们 先 做 一个 计划，然后 在 机场 买。
gēge: Zánmen xiān zuò yí gè jìhuà, ránhòu zài jīchǎng mǎi.

哥哥：怎么样，你 有 购物 计划 了 吗？
gēge: Zěnmeyàng, nǐ yǒu gòuwù jìhuà le ma?

弟弟：我 两 天 前 就 想 清楚 了，我 想 买 两 顶 帽子。
dìdi: Wǒ liǎng tiān qián jiù xiǎng qīngchu le, wǒ xiǎng mǎi liǎng dǐng màozi.

哥哥：好，我 先 去 银行 换 钱，然后 我们 一起 去 买 东西。
gēge: Hǎo, wǒ xiān qù yínháng huàn qián, ránhòu wǒmen yìqǐ qù mǎi dōngxi.

弟弟：请问，这 顶 帽子 多少 钱？
dìdi: Qǐngwèn, zhè dǐng màozi duōshao qián?

售货员：42 元 人民币。
shòuhuòyuán: Sìshí'èr yuán Rénmínbì.

弟弟：哥，汇率 是 多少 啊？
dìdi: Gē, huìlǜ shì duōshao a?

哥哥：7 比 1，42 元 人民币 大约 是 6 美元。真 便宜！
gēge: Qī bǐ yī, sìshí'èr yuán Rénmínbì dàyuē shì liù Měiyuán. Zhēn piányi!

比美国 的 帽子 便宜。这些 帽子 和 美国 的 帽子 一样，
Bǐ Měiguó de màozi piányi. Zhèxiē màozi hé Měiguó de màozi yíyàng,

都是 中国 制造 的。
dōu shì Zhōngguó zhìzào de.

1. 他们的购物计划是什么？

2. 一顶帽子多少美元？

2 Fill in the blanks with the words below, and see how many words fit in each blank at most.

选词填空，完成句子，看看一个句子最多有几个答案。

1 爸爸的鞋比我的鞋_____。

2 美国的樱桃(cherry)比中国的樱桃(cherry)_____。

3 我小时候比现在_____。

4 我们班的球队比他们班的球队_____。

5 这本故事书比课本_____。

6 姐姐的性格比我的性格_____。

7 操场的空气比教室的空气_____。

8 汤姆比我_____。

高
漂亮
大
棒
活泼
干净
便宜
有趣

 3 Make a conversation with your partner according to the following pictures.

和同伴一起，根据图片对话。

A：这个篮球多少钱？

B：这个篮球一百二十块。

A：篮球贵还是足球贵？

B：足球比篮球贵。

¥120.00 　　¥180.00 　　¥315.00 　　¥1.50 　　¥27.00

¥5.50 　　¥199.00 　　¥87.00 　　¥6 638.00 　　¥158.00

4 **Tell how much each item in Activity 3 costs in US dollar.**
说一说活动3里的物品换成美元大约是多少钱。

1 这个篮球120元人民币，大约是_____美元。

2 _____。

3 _____。

4 _____。

5 _____。

6 _____。

7 _____。

8 _____。

9 _____。

10 _____。

 5 **Class activity with the example of the following picture.**
仿照下图，做全班活动。

换钱　买东西
写作业　看电视
吃饭　上网　刷牙
洗脸　跑步　洗澡
打篮球　游戏
看电影　去超市

 6 **Link and complete the conversation.**
连线，完成对话。

去北京的事情怎么样了？　　　　你想换多少？

这顶帽子多少钱？　　　　　　　我想去北京和上海玩玩。

您好，我想换钱。　　　　　　　100元人民币大约是14美元。

这个夏天你有什么计划？　　　　很便宜，15元。

现在的汇率是多少？　　　　　　我不去北京了。

Part 2 第二部分

 1 Read the following passage and answer questions.
阅读下面的文章，回答问题。

在大海上，有一个小岛。那里的人用圆形
Zài dàhǎi shang, yǒu yí gè xiǎo dǎo. Nàli de rén yòng yuánxíng

的石头作为货币，圆形的石头叫"钱"。
de shítou zuòwéi huòbì, yuánxíng de shítou jiào "qián".

有一家人找到了一块很大的"钱"，就带
Yǒu yì jiā rén zhǎodào le yí kuài hěn dà de "qián", jiù dài

这个大"钱"回家了。但是，石头"钱"掉到了
zhège dà "qián" huí jiā le. Dànshì, shítou "qián" diàodào le

大海里，他们一家人都感到很失望。
dàhǎi li, tāmen yì jiā rén dōu gǎndào hěn shīwàng.

小岛上的人都知道他们家有一块很大
Xiǎo dǎo shang de rén dōu zhīdào tāmen jiā yǒu yí kuài hěn dà

的"钱"，大家都说，石头掉到了大海里，但是
de "qián", dàjiā dōu shuō, shítou diàodào le dàhǎi li, dànshì

它很大，是一块很大的"钱"。因为很多人都
tā hěn dà, shì yí kuài hěn dà de "qián". Yīnwèi hěn duō rén dōu

看见了那块石头，所以它就像放在那家人
kànjiàn le nà kuài shítou, suǒyǐ tā jiù xiàng fàng zài nà jiā rén

的家里一样。
de jiāli yíyàng.

很多年了，虽然这块石头"钱"不在小岛
Hěn duō nián le, suīrán zhè kuài shítou "qián" bù zài xiǎodǎo

上，在大海里，但是小岛上的人却用它买
shang, zài dàhǎi li, dànshì xiǎodǎo shang de rén què yòng tā mǎi

东西。这块大海里的大石头就像一块大
dōngxi. Zhè kuài dàhǎi li de dà shítou jiù xiàng yí kuài dà

金子一样，大家都很喜欢它！
jīnzi yíyàng, dàjiā dōu hěn xǐhuan tā!

1. 小岛上的货币石头是圆形的还是方形的？

2. 这一家人找到了什么？

Vocabulary 词语

1. 大海 dàhǎi
   sea
2. 小岛 xiǎo dǎo
   small island
3. 石头 shítou
   stone
4. 作为 zuòwéi
   as
5. 货币 huòbì
   currency
6. 家人 jiārén
   family
7. 找 zhǎo
   find
8. 块 kuài
   piece
9. 带 dài
   bring
10. 掉 diào
    drop
11. 虽然 suīrán
    although
12. 像……一样
    xiàng...yíyàng
    like
13. 金子 jīnzi
    gold

2 Fill in the blanks according to Activity 1.
根据活动1的内容填空。

1 在＿＿＿＿＿上，有一个小岛。

2 这一家人找到了一＿＿＿＿＿＿ 大石头。

3 他们带着大石头回＿＿＿＿＿了。

4 大石头掉进了大海里，这家人很＿＿＿＿＿。

5 岛上的人用石头"钱"买＿＿＿＿＿。

Part 3　第三部分

Pictures and characters
图片汉字

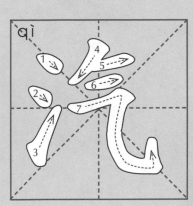

汽车 qìchē
car

秋天 qiūtiān
fall

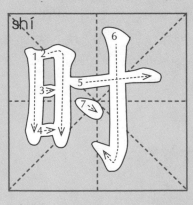

时间 shíjiān
time

Experiencing China
体验中国

算盘

　　英国《独立报》曾经评选出101款改变世界的小发明，排在第一位的就是有近2000年历史的中国算盘。算盘是长方形的，四周是木框，里面固定着一根根小木棍，每根木棍代表一位，小木棍穿着木珠，中间有一根横梁把算盘分成两部分：每根木棍的上半部有两个珠子，每个珠子代表五；下半部分有五个珠子，每个珠子代表一。

Abacus

The Independent in Britain once selected 101 small inventions that has changed the whole world and ranking No.1 was the Chinese abacus with a history of nearly 2000 years. It is a wood-framed triangular within which each of the small sticks is fixed standing for a place in a numeral and goes through a wooden bead. A crossbeam is set in the middle to divide the abacus into two parts. Each stick in the upper part carries two beads, each indicating 5; each stick in the lower part carries five beads, each indicating 1.

Chinese Community
汉语社区

　　这些是中国的人民币。你知道最近人民币与美元的汇率吗？人民币图案里的内容都是什么？把你了解到的信息与同学们分享一下。

　　These are Chinese currencies. Do you know the exchange rate between the Chinese RMB and the US dollar? What is each of the following drawings of the Chinese currency about? Share with your classmates the information you have got.

8

我最喜欢古典音乐
Wǒ zuì xǐhuan gǔdiǎn yīnyuè

Objectives 学习目标

- Learn to use "像……一样";
  学会使用 "像……一样";

- Learn to use "最" to express the highest degree;
  学会使用表示最高级的 "最";

- Master the use of "……极了" as complement of degree.
  掌握程度补语 "……极了" 的用法。

Ask yourself 问问你自己

What do you like to do best in your spare time?
空闲时间你喜欢做什么?

Do you like singing?
你喜欢唱歌吗?

Can you sing Chinese songs?
你会不会唱中国歌?

 Warm-up 热身

Which kind of music do you like? Tell us the name of your favorite singer.

你喜欢哪一种音乐？说说你最喜欢的歌星的名字。

古典音乐 gǔdiǎn yīnyuè classical	流行音乐 liúxíng yīnyuè pop	摇滚乐 yáogǔnyuè rock and roll	民乐 mínyuè folk

词 语
Vocabulary

1　古典 classical
　　gǔdiǎn

2　最 most
　　zuì

3　好听 melodious
　　hǎotīng

4　卡拉OK
　　kǎlā OK
　　Karaoke

5　流行 popular
　　liúxíng

6　呵呵 Ha ha
　　hēhe

7　唱歌 sing
　　chàng gē

8　总是 always
　　zǒngshì

9　恐怖 horror
　　kǒngbù

10　套 set
　　tào

11　音响 Hi-fi
　　yīnxiǎng

12　请 invite
　　qǐng

13　来 come
　　lái

14　刚刚 just
　　gānggāng

15　张 piece, copy
　　zhāng

16　新 new, latest
　　xīn

17　专辑 album
　　zhuānjí

18　……极了
　　...jí le
　　very

19　钢琴 piano
　　gāngqín

20　自弹自唱
　　zìtán zìchàng
　　singing while playing

21　动作 action
　　dòngzuò

Word game: Word puzzle

词语游戏：猜词游戏

Part 1 第一部分

> **1** Listen to the recording and answer questions.
> 听录音，回答问题。

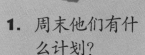

1. 周末他们有什么计划？

2. 汤姆唱歌唱得好吗？

汤姆： 你 喜欢 听 什么 音乐？
Tāngmǔ: Nǐ xǐhuan tīng shénme yīnyuè?

张红： 古典 音乐 最 好听，我 最 喜欢。
Zhāng Hóng: Gǔdiǎn yīnyuè zuì hǎotīng, wǒ zuì xǐhuan.

汤姆： 听说 中国人 很 喜欢 卡拉OK。
Tāngmǔ: Tīngshuō Zhōngguórén hěn xǐhuan kǎlā OK.

张红： 是啊，卡拉OK在 我们 那儿很 流行。你们 不 喜欢 吗？
Zhāng Hóng: Shì a, kǎlā OK zài wǒmen nǎr hěn liúxíng. Nǐmen bù xǐhuan ma?

汤姆： 呵呵，我 只 喜欢 在 洗澡 的 时候 唱 歌。我 妹妹 总是
Tāngmǔ: Hēhe, wǒ zhǐ xǐhuan zài xǐzǎo de shíhou chàng gē. Wǒ mèimei zǒngshì

说："听你 唱 歌 像 看 恐怖 电影 一样。"
shuō: "Tīng nǐ chàng gē xiàng kàn kǒngbù diànyǐng yíyàng."

张红： 我爸爸买了 很 棒 的 音响，要不，这个 周末我
Zhāng Hóng: Wǒ bāba mǎi le yí tào hěn bàng de yīnxiǎng, yàobù, zhège zhōumò wǒ

请 你们来 我家听 音乐、唱 歌吧。
qǐng nǐmen lái wǒ jiā tīng yīnyuè, chàng gē ba.

汤姆： 我 刚刚 买了一 张 王 力宏的最新专辑，你请 大家
Tāngmǔ: Wǒ gānggāng mǎi le yì zhāng Wáng Lìhóng de zuì xīn zhuānjí, nǐ qǐng dàjiā

一起去你家 听听 吧。
yìqǐ qù nǐ jiā tīngting ba.

张红： 好。我在 网 上 听了他的MP3，棒 极了！
Zhāng Hóng: Hǎo. Wǒ zài wǎng shang tīng le tā de MP3, bàng jí le!

汤姆： 对了，我 能 用 你家的 钢琴 自弹 自唱 吗？
Tāngmǔ: Duì le, wǒ néng yòng nǐ jiā de gāngqín zì tán zì chàng ma?

张红： 我 的 天，那 不是 像 看 动作
Zhāng Hóng: Wǒ de tiān, nà bú shì xiàng kàn dòngzuò

电影 和 恐怖 电影 一样 吗！
diànyǐng hé kǒngbù diànyǐng yíyàng ma!

2 Listen to the recording and choose the right words.

听录音，选词语。

1 明天是周末，我请你　A.吃饭　B.看电影。

2 他说想请大家　A.看篮球比赛　B.唱卡拉OK。

3 我们的音乐老师很喜欢　A.古典音乐　B.流行音乐。

4 A.电脑游戏　B.动作电影　在中国很流行。

5 昨天我买了　A.一张专辑　B.一套音响。

 3 Work with your partner and complete the following sentences according to the pictures.

和同伴一起，根据图片完成下面的句子。

1 小伟很高。

汤姆比小伟_____。

大山最_____。

2 小美的汉语书很新。

张红_____。

马丽_____。

3 面包很便宜。

牛奶_____。

冰水_____。

④ 圆形的眼镜很流行。

方形的眼镜＿＿＿＿＿＿＿。

隐形眼镜＿＿＿＿＿＿＿。

 Fill in the blanks with the words below.

选择合适的词语填空。

| 累　疼　可爱　高兴　快　冷　聪明　漂亮 |

① 今天的汉语作业太多了，我＿＿＿＿极了！

② 这件衣服＿＿＿＿极了！

③ 我喜欢中国的大熊猫，＿＿＿＿极了！

④ 昨天的足球比赛，我们的球队赢了，我＿＿＿＿极了！

⑤ 他游泳游得很好，＿＿＿＿极了！

⑥ 今天下雨了，只有5度，＿＿＿＿极了！

⑦ 我哥哥今年16岁，是大学生，他＿＿＿＿极了！

⑧ 今天我不舒服，头＿＿＿＿极了！

Role play. Form a group of five or six and perform a role play by using the following sentence structures. See which group uses these structures best both in quantity and quality.

小组表演。5～6人一组，使用下面的结构，表演一个小话剧。看看哪个组用的结构最多，最自然。

……极了！	……怎么样了？
像……一样	越来越……
谁+请+谁+做什么	是不是……？
先……然后……	……比……
一边……一边……	跟……一起

Part 2 第二部分

 Tell which are Chinese ones from the following musical instruments.

看看下面的这些乐器，说说哪些是中国的。

二胡□
 èrhú

小提琴□
xiǎotíqín

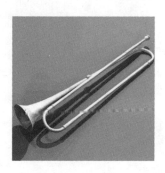

扬琴□
yángqín

竖琴□
shùqín

唢呐□
suǒnà

小号□
xiǎohào

竹笛□
zhúdí

长笛□
chángdí

Vocabulary 词 语

1. 二胡 èrhú
   Erhu
2. 小提琴
   xiǎotíqín
   violin
3. 扬琴 yángqín
   dulcimer
4. 竖琴 shùqín
   harp
5. 唢呐 suǒnà
   suona
6. 小号 xiǎohào
   trumpet
7. 竹笛 zhúdí
   bamboo flute
8. 长笛 chángdí
   flute

Pictures and characters
图片汉字

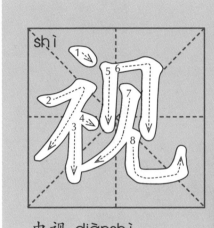

shì

电视 diànshì
television

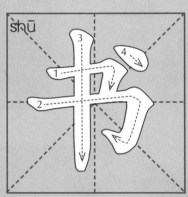

shū

故事书 gùshìshū
story book

tīng

听音乐 tīng yīnyuè
listen to music

Experiencing China
体验中国

中秋节

    中国在2007年10月24日发射了第一颗探月卫星，这颗卫星的名字是"嫦娥一号"。嫦娥是中国的月亮神，她偷吃了仙丹飞到了月亮上。老百姓听说嫦娥奔月成仙的消息后，纷纷在月下摆设香案，祈求嫦娥吉祥平安。从此，有了中秋节拜月的风俗。

    中秋节与春节、端午节是中国三个最重要的传统节日。农历八月十五是中国的"中秋节"。在这一天，一家人要在一起赏月、吃月饼。圆圆的月饼象征着团圆、美满，常常被用来当作礼品来送给亲戚、朋友。

Mid-autumn Festival

    On October 24, China launched the first moon-probing satellite named "Chang'e No.1". Chang'e is the moon goddess in China, who flew to the moon after eating a stolen elixir. Upon hearing the news that she had become a fairy, the folks set up the incense burner table and prayed for her safety. Thus established the custom of worshipping the moon on this day.

    The Mid-autumn Festival, Spring Festival and Dragon Boat Festival are the three most important traditional festivals in China. Mid-autumn day falls on August 15 on the Chinese lunar calendar, when the whole family gather, eat moon cakes and appreciate the beauty of the moon. The round moon cake symbolizes reunion and happiness and it is usually given to relatives and friends as gifts.

Chinese Community
汉语社区

学习一段中国的歌曲或者乐曲，让同学们也听一听吧。

Learn a Chinese song or a piece of music and sing it to your classmates.

复习课2
Review Lesson 2

1 Write out the pinyin and English meaning of the following words.

写出下列词语的拼音和英语意思。

最近	应该	好看	计划	礼物
_____	_____	_____	_____	_____
事情	便宜	大约	机场	音乐
_____	_____	_____	_____	_____
唱歌	总是	流行	换钱	清楚
_____	_____	_____	_____	_____
眼镜	适合	黑板	夏天	写字
_____	_____	_____	_____	_____

2 Choose the right word to fill in the blanks, then read them aloud.

选择合适的词填空完成句子，然后读一读。

1. 你们怎么（　　）早就来学校了？　　　　　A. 这么　　B. 一起
2. 我想这个周末跟姐姐（　　）去图书馆看书。　A. 一样　　B. 一起
3. 今天我（　　）累，不想看书了。　　　　　A. 有点儿　B. 一点儿
4. 天气很热，你多喝（　　）冰水吧。　　　　A. 有点儿　B. 一点儿
5. 这个故事我听了（　　）十遍了。　　　　　A. 比　　　B. 大约
6. 这个电影好看（　　）。　　　　　　　　　A. 很　　　B. 极了
7. 我（　　）看见他在操场跑步。　　　　　　A. 总是　　B. 先
8. 我（　　）玩了一会儿电脑。　　　　　　　A. 最近　　B. 刚刚

Put the words into the correct order and make them into a sentence.

连词成句。

1. 玩游戏　的　越来越　长　了　他　时间

　　_____

2. 的　挺……的　你　眼镜　方形　适合

　　_____

3. 书　应该　看　多　一点儿　你

　　_____

4. 最　钢笔　写字　用　喜欢　我

　　_____

 Find out wrong characters.

找错字。

明　听　时　视　楼　汽　书　莑　看　秋　妈　男

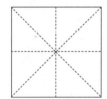　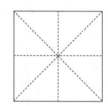　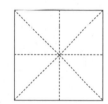　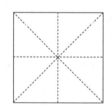

⑤ **Complete the following passage with proper words, then read it aloud.**

选择合适的词语，补全下面的短文，然后读一读。

　　下个星期五就是妈妈的生日了，我和姐姐①_____一起给妈妈买一个礼物。"给妈妈买一顶帽子吧"，我说，但是姐姐说妈妈不适合戴帽子。我想买一个漂亮的太阳镜（tàiyángjìng, sunglasses），但是姐姐说妈妈不喜欢戴眼镜。

　　"妈妈喜欢一边运动一边戴②_____耳机听音乐，我们给她买一副（fù, a pair）好一点儿的耳机吧"。

姐姐说："好一点儿的耳机③_____贵(guì, expensive)，我们没有④_____多钱"。

"妈妈⑤_____喜欢听流行音乐，要不我们给妈妈买一张流行音乐的CD吧"。

姐姐说："妈妈最喜欢古典音乐"。

"那我们买什么？听你的吧！"我真的有点儿没耐心(nàixīn, patience)了。

姐姐说："那我们买一顶帽子吧"。

①A 感到 B 计划 C 能 D 用
②A 着 B 了 C 来 D 去
③A 一点儿 B 不太 C 有点儿 D 极了
④A 更 B 应该 C 这样 D 这么
⑤A 不 B 越来越 C 有点儿 D 大约

9

这已经不是新闻了

Zhè yǐjīng bú shì xīnwén le

Objectives 学习目标

- **Learn to use the dynamic auxiliary** "过";
  学会使用动态助词"过";

- **Master the use of** "为了……" **expressing reasons and purposes**;
  掌握"为了……"表示原因和目的的用法；

- **Learn to use** "第一……第二……第三……"
  for enumeration.
  学会使用"第一……第二……第三……"
  进行列举。

Ask yourself 问问你自己

Do you often surf the Internet?
你经常上网吗？

What information can the Internet provide for you?
你觉得网络可以帮你了解哪些知识或新闻？

Can you use the network to help yourself study Chinese?
你会用网络帮助自己学习汉语吗？

第9课 这已经不是新闻了

Which is your favorite means of getting news? Which means do you think is the fastest and which one is the best?

你喜欢通过哪一种方式了解新闻？你觉得哪一种方式最快，哪一种方式最好？

看电视
kàn diànshì
watch TV

看报纸
kàn bàozhǐ
read newspapers

上网
shàng wǎng
surf the Internet

听广播
tīng guǎngbō
listen to the radio

和朋友聊天
hé péngyou liáotiān
chat with friends

词 语 Vocabulary

#		#	
1	过 ever guo	9	已经 already yǐjīng
2	(钢琴)家 (gāngqín) jiā pianist	10	前天 qiántiān the day before yesterday
3	报纸 newspaper bàozhǐ	11	看到 see kàndào
4	为了 for wèile	12	那么 so nàme
5	慈善 charity císhàn	13	网站 website wǎngzhàn
6	偶像 idol ǒuxiàng	14	头条 headline tóutiáo
7	第 No. dì	15	直播 live zhíbō
8	新闻 news xīnwén	16	作文 writing zuòwén

#	
17	搜索 search sōusuǒ
18	发 send fā
19	短信 duǎnxìn text message
20	告诉 tell gàosu
21	网址 website wǎngzhǐ

Word game: X is on/to the left/right of Y
词语游戏："X在Y的左/右边"

报纸

"短信"在"报纸"的右边。

短信

1 Listen to the recording and answer questions.
听录音，回答问题。

马丽: 你听过 中国 音乐吗？
Mǎ Lì: Nǐ tīngguo Zhōngguó yīnyuè ma?

汤姆: 听过。我最喜欢 中国 的二胡，太 好听 了！
Tāngmǔ: Tīngguo. Wǒ zuì xǐhuan Zhōngguó de èrhú, tài hǎotīng le!

马丽: 我 没 听过 中国 音乐，但是 我 很 喜欢 那个 中国 的
Mǎ Lì: Wǒ méi tīngguo Zhōngguó yīnyuè, dànshì wǒ hěn xǐhuan nàge Zhōngguó de

钢琴家 郎 朗，他太 棒 了！对了，
gāngqínjiā Láng Lǎng, tā tài bàng le! Duì le,

你看 昨天 的 报纸 了 吗？
nǐ kàn zuótiān de bàozhǐ le ma?

汤姆: 没有，怎么 了？
Tāngmǔ: Méiyǒu, zěnme le?

马丽: 为了一个慈善 活动，你 的 偶像 要
Mǎ Lì: Wèile yí gè císhàn huódòng, nǐ de ǒuxiàng yào

来 我们 学校 了！
lái wǒmen xuéxiào le!

汤姆: 第一，这已经 不是 新闻 了，我 前天 就从 电视 上
Tāngmǔ: Dìyī, zhè yǐjīng bú shì xīnwén le, wǒ qiántiān jiù cóng diànshì shang

看 到 了；第二，我 也 不那么 高兴，如果 你 看了昨天
kàn dào le; dì'èr, wǒ yě bú nàme gāoxìng, rúguǒ nǐ kàn lo zuótiān

网站 上 的 头条 新闻，就 知道 为什么 了；第三，
wǎngzhàn shang de tóutiáo xīnwén, jiù zhīdào wèishénme le; dìsān,

我要回 家去看足球 比赛的 直播。你去不去？
wǒ yào huí jiā qù kàn zúqiú bǐsài de zhíbō. Nǐ qù bu qù?

马丽: 我不去。第一，那个球队里没有我 的 偶像；第二，我 在
Mǎ Lì: Wǒ bú qù. Dìyī, nàge qiúduì li méiyǒu wǒ de ǒuxiàng; dì'èr, wǒ zài

写作文；第三，我要 上 网 搜索，看看你说 的 那个
xiě zuòwén; dìsān, wǒ yào shàng wǎng sōusuǒ, kànkan nǐ shuō de nàge

1. 马丽的偶像为什么要来他们学校？

2. 汤姆为什么不去看足球比赛？

头条 新闻。
tóutiáo xīnwén.

汤姆: 好 吧。对了，别 搜索 了，一会儿
Tāngmǔ: Hǎo ba. Duì le, bié sōusuǒ le, yíhuìr

我 发 短信，告诉 你 网址。
wǒ fā duǎnxìn, gàosu nǐ wǎngzhǐ.

 Read the following words and link them.
读词语，连线。

①

发	作文
搜索	电话
上	新闻
打	网
写	短信

②

慈善	新闻
动作	活动
比赛	网站
头条	电影
音乐	直播

 Read the following sentences and tell which sentence describes which picture below.
读下面的句子，看看分别描述的是哪一幅图片。

① 为了今天的汉语考试，他昨天晚上没有睡觉。

② 为了将来做一名汉语老师，他在努力学习汉语。

③ 为了踢足球踢得好，他一下课就去操场踢球。

④ 为了唱歌唱得好，他每天早上都练习唱歌。

⑤ 为了听古典音乐，他买了一套新的音响。

⑥ 为了看比赛，他计划周末去北京。

F

E

A

B

C

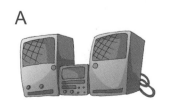
D

Work with your partner to practice "verb+过" with the following example.
两人一组，仿照例子，和同伴用"动词+过"做问答练习。

例：A：你喝过中药吗？

B：我（没）喝过中药。

1 去北京

2 玩滑板

3 戴隐形眼镜

4 换人民币

5 唱卡拉OK

6 打乒乓球

7 用投影仪

8 玩电脑游戏

9 见大熊猫

10 听《西游记》的故事

 Group activity. Work in groups of four, make sentences with the sentence pattern of "第一……第二……第三……" and key words or hints given below, and see which group completes the sentence the best.
小组活动。4人一组，用"第一……第二……第三……"这个结构和给的关键词或提示说句子，看哪个组说的句子最完整。

1 汤姆为什么生气了？（电脑坏了，电脑里的游戏没了，没有生日礼物）

2 小美为什么不去看电影？（不喜欢，头疼，中国朋友要来电话）

3 大伟和小峰是好朋友，但是他们不一样。他们哪儿不一样？（性格不一样，喜欢的运动/音乐/偶像不一样）

4 小美为什么近视了？（常常玩游戏、上网；一边看书，一边吃饭）

5 今天是周末，爸爸六点就起床了，为什么？（跟爷爷一起运动，看足球比赛直播，给一家人做早饭）

Part 2 第二部分

Read the following passage and rearrange the pictures.
阅读下面的短文，给图片排序。

为了 写 一 篇 作文，你 在 网 上
Wèile xiě yì piān zuòwén, nǐ zài wǎng shang

搜索 了 "厨师"、"记者"、"律师" 和
sōusuǒ le "chúshī", "jìzhě", "lǜshī" hé

"医生"，我们 一起 来看看 是 怎么
"yīshēng", wǒmen yìqǐ lái kànkan shì zěnme

搜索 的：
sōusuǒ de:

第一，输入 网址；
dìyī, shūrù wǎngzhǐ;

第二，按 "确定键"；
dì'èr, àn "quèdìngjiàn";

第三，点击 你 有 兴趣 的 链接；
dìsān, diǎnjī nǐ yǒu xìngqù de liànjiē;

第四，浏览 网页 。
dìsì, liúlǎn wǎngyè.

Vocabulary 词 语

1. 输入 shūrù
   type in
2. 确定键
   quèdìngjiàn
   Enter
3. 键 jiàn
   key
4. 点击 diǎnjī
   click
5. 兴趣 xìngqù
   interest
6. 链接 liànjiē
   link
7. 浏览 liúlǎn
   browse
8. 网页 wǎngyè
   webpage

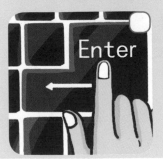

Part 3 第三部分

Pictures and characters
图片汉字

tú

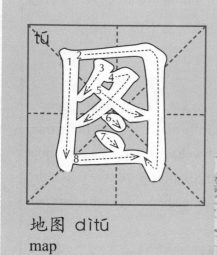

地图 dìtú
map

wǎn

晚上 wǎnshang
evening

xǐ

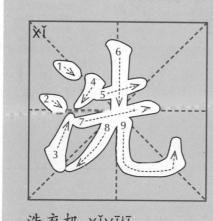

洗衣机 xǐyījī
washing machine

Experiencing China
体验中国

中国的互联网

现在，互联网已经影响到中国人生活的方方面面，如人们经常上网浏览新闻、搜索资料、发表观点、聊天、购物等等。网站的种类也多种多样，在中国目前比较有影响的门户网站有"搜狐网"(http://www.sohu.com)、"新浪网"(http://www.sina.com.cn)，搜索网站"百度"(http://www.baidu.com)，此外还有网上购物的专门网站"淘宝网"(http://www.taobao.com)等。

The Internet in China

Now, the internet has influenced Chinese people's life in many aspects. For example, people now surf the Internet to browse the webpage for news, search for information, give their own opinions, chat with others, go shopping and so on. Among a variety of websites in China, the most influential are portal websites such as Sohu (http:www.sohu.com) and Sina (http://www.sina.com.cn), searching websites such as Baidu (http://www.baidu.com), and online shopping websites such as Taobao (http://www.taobao.com) .

Chinese Community
汉语社区

你最喜欢哪个网站？中国有没有同类的网站？搜索一下，把你的发现做成一个文档，与大家分享一下。

What is your favorite website? Is there any website of similar kind in China? Conduct a research, create a file based on your findings and share it with the rest students.

10

它是防静电的
Tā shì fáng jìngdiàn de

Objectives 学习目标

- Get to know the use of "把";
  初步掌握 "把" 字句的用法;

- Get to know the structure of "是……的";
  初步掌握 "是……的" 结构;

- Learn to use the dual-object sentence.
  学会使用双宾语句。

Ask yourself 问问你自己

Do you know the static phenomena?
你知道静电现象吗?

What do you think results in static?
你觉得静电的产生跟什么有关?

Between a dry city A and a humid city B, which city can static be more easily generated?
城市A气候干燥,城市B气候湿润,哪个更容易产生静电?

Warm-up 热身

Look at the following pictures. Do you know what phenomenon each picture indicates?

看看下面的图片，你知道这些都是什么现象吗？

词 语
Vocabulary

1	把 take bǎ	9	静电 static jìngdiàn
2	脱 take off tuō	10	冬天 winter dōngtiān
3	这儿 here zhèr	11	干燥 dry gānzào
4	给 give gěi	12	家乡 hometown jiāxiāng
5	筐子 basket kuāngzi	13	经常 often jīngcháng
6	种 kind zhǒng	14	雨水 rain yǔshuǐ
7	洗发水 xǐfàshuǐ shampoo	15	一块儿 yíkuàir together
8	防 fáng prevent, proof	16	收银台 shōuyíntái cashier

17	哎哟 Ouch āiyō
18	电 hit by static diàn
19	哈哈 Haha hāhā

Word practice: "-1"

词语练习： "-1"

As for the game rules, please read Page 10.
游戏规则见第10页。

家乡	冬天
经常	这儿
脱	雨水
袋子	电

1 Listen to the recording and answer questions.
听录音，回答问题。

张红: 把 外套 脱 了 吧，这儿 真 热 啊！
Zhāng Hóng: Bǎ wàitào tuō le ba, zhèr zhēn rè a!

汤姆: 好的，这儿 真 是 挺 热 的。请 给 我 一个 筐子，谢谢。
Tāngmǔ: Hǎode, zhèr zhēn shì tǐng rè de. Qǐng gěi wǒ yí gè kuāngzi, xièxie.

张红: 我 买 哪 一 种 洗发水 好 呢？是 这 一 种，还是 那 一 种？
Zhāng Hóng: Wǒ mǎi nǎ yì zhǒng xǐfàshuǐ hǎo ne? Shì zhè yì zhǒng, háishi nà yì zhǒng?

汤姆: 看看 这 种 洗发水 吧，它 是 防 静电 的。
Tāngmǔ: Kànkan zhè zhǒng xǐfàshuǐ ba, tā shì fáng jìngdiàn de.

张红: 这儿的 冬天 越来越 干燥，静电 越来越 多。你们
Zhāng Hóng: Zhèr de dōngtiān yuèláiyuè gānzào, jìngdiàn yuèláiyuè duō. Nǐmen

那儿 怎么样？
nàr zěnmeyàng?

汤姆: 我们 家乡 跟这儿不一样，从 1 月 到 12 月，都 很 热。
Tāngmǔ: Wǒmen jiāxiāng gēn zhèr bù yíyàng, cóng yī yuè dào shí'èr yuè, dōu hěn rè.

现在 经常 下雨，没有 这么 干燥，也 没有 这么 多
Xiànzài jīngcháng xià yǔ, méiyǒu zhème gānzào, yě méiyǒu zhème duō

静电。
jìngdiàn.

张红: 听说 这些 年 你们 那儿 的 雨水 也 越来越 少 了，是
Zhāng Hóng: Tīngshuō zhèxiē nián nǐmen nàr de yǔshuǐ yě yuèláiyuè shǎo le, shì

真的 吗？
zhēnde ma?

汤姆: 没错，是 真的。跟 十 年 前 比，雨水 真的 有点儿
Tāngmǔ: Méicuò, shì zhēnde. Gēn shí nián qián bǐ, yǔshuǐ zhēnde yǒudiǎnr

少了。
shǎo le.

张红: 给 我 洗发水 吧，咱们 一块儿 去收银台。
Zhāng Hóng: Gěi wǒ xǐfàshuǐ ba, zánmen yíkuàir qù shōuyíntái.

汤姆： 好，给你洗发水。哎哟，电 到 我 了！
Tāngmǔ: Hǎo, gěi nǐ xǐfàshuǐ.　Āiyou,　diàn dào wǒ le!

张红： 哈哈哈哈……
Zhāng Hóng: Hāha hāha …

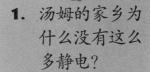

1. 汤姆的家乡为
什么没有这么
多静电？

2. 他为什么说
"哎哟"？

 Read the following sentences and translate them into English.
读一读下面的句子，并将它们翻译成英语。

1 妈妈给了我一百块钱。

2 他问我一件事情。

3 给我一本汉语书，好吗？

4 我们叫他大伟。

5 姐姐告诉我她的一个计划。

6 小美告诉我一个好消息，你想听吗？

Transform the following into sentences with "把".
把下面的句子变成"把"字句。

例：吃蛋糕吧。→ 把蛋糕吃了吧。

1 喝牛奶吧。 →

2 打开门好吗？ →

3 大家一起打开电脑。 →

4 写完作业，我就去散步。 →

5 我明天给老师数学作业。 →

6 你给售货员钱了吗？ →

4 Experience the ball game. When the drumming stops, anyone who gets the ball will make a sentence with the following sentence patterns or expressions.
体验球游戏。敲击声停的时候，球到谁的手里，谁就用下面的句型或短语造句。

给+人+东西　　　把

Part 2 第二部分

Listen to the recording and fill in the blanks.

听录音，填空。

中国 和 _____ 国家 一样，一年 有
Zhōngguó hé   guójiā yíyàng,   yì nián yǒu

春、夏、秋、冬 4 个 季节。泰国 和 中国
chūn, xià, qiū, dōng sì gè jìjié.   Tàiguó hé Zhōngguó

不一样，泰国 有 3 个 季节。
bù yíyàng, Tàiguó yǒu sān gè jìjié.

美国 和 中国 一样，它们 都 在 地球 的
Měiguó hé Zhōngguó yíyàng, tāmen dōu zài dìqiú de

_____，春季 从 2 月 到 5 月。在 地球 的
          chūnjì cóng èr yuè dào wǔ yuè. Zài dìqiú de

南边，9 月、10 月 和 11 月 是 春季。
nánbian, jiǔ yuè, shí yuè hé shíyī yuè shì chūnjì.

在 中国，一 到 春季，树 就 绿 了。但是，
Zài Zhōngguó, yí dào chūnjì, shù jiù lǜ le. Dànshì,

北边 会 有 _____，南边 会 有 很 多
běibian huì yǒu   nánbian huì yǒu hěn duō

雨水。在 美国，春季 _____ 有 龙卷风。
yǔshuǐ. Zài Měiguó, chūnjì   yǒu lóngjuǎnfēng.

中国人 说 "春去秋来" —— 就是 说，
Zhōngguórén shuō "chūn qù qiū lái" —— jiù shì shuō,

_____ 过 得 好 快 啊!
          guò de hǎo kuài a!

Vocabulary 词 语

1. 国家 guójiā
   country
2. 秋 qiū
   fall
3. 季节 jìjié
   season
4. 地球 dìqiú
   earth
5. ~季 jì
   season
6. 龙卷风
   lóngjuǎnfēng
   tornado
7. 春去秋来
   chūn qù qiū lái
   from spring to
   fall
8. 过 guò
   pass

Part 3 第三部分

Pictures and characters
图片汉字

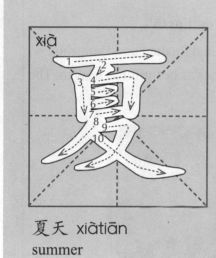

xià

夏天 xiàtiān
summer

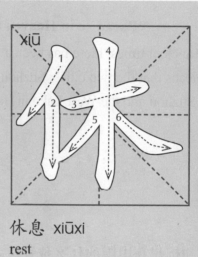

xiū

休息 xiūxi
rest

xué

学生 xuéshēng
student

Experiencing China
体验中国

"上有天堂，下有苏杭"

中国自古就有"上有天堂，下有苏杭"的说法，意思是苏州和杭州两个城市的美丽景色像天堂一样漂亮。苏州的园林、杭州的西湖美景都值得一看。

"Paradise in Heaven and Suzhou and Hangzhou on Earth"

Since ancient times, there has been a saying of "paradise in heaven and Suzhou and Hangzhou on earth". It means that the two cities, Suzhou and Hangzhou, present sceneries as beautiful as heaven. The gardens in Suzhou and the West Lake in Hangzhou are worth visiting.

苏州和杭州在中国的什么位置？

Where do Suzhou and Hangzhou locate in China?

Chinese Community
汉语社区

由于中国的面积很大，所以在同一个季节里，从南到北、从东到西的气候是不一样的。咨询你的中国朋友或查找相关资料，用图片和文字做一个PPT，介绍中国的气候。

As China covers a large area, the climate in China varies in the same season from south to north, from east to west. Consult your Chinese friends or read reference books, and make a PPT file with pictures and texts on the climate in China.

11

吸烟可能会引起火灾
Xī yān kěnéng huì yǐnqǐ huǒzāi

Objectives 学习目标

- **Learn to use the sentence pattern of** "对……(不)好";
  学会使用句型"对……(不)好";

- **Learn to use the adversative complex sentence of** "虽然……但是……";
  学会使用转折复句"虽然……但是……";

- **Master the use of split words, such as** "生他的气".
  掌握离合词的用法,如"生他的气"。

Ask yourself 问问你自己

In what aspects do you think middle school students should pay attention to safety?
你觉得中学生应该在哪些方面注意安全?

What are dangerous behaviors in dealing with electricity and fire?
用电、用火时哪些行为是不安全的?

What number should you dial in case of fire?
发生火灾时应该拨打什么电话?

第11课 吸烟可能会引起火灾

Warm-up 热身

Are the following doings safe? Why?

你觉得下面的做法安全吗？为什么？

词语 Vocabulary

1	地方 place dìfang	9	火灾 fire huǒzāi	
2	着火 on fire zháohuǒ	10	还 still hái	
3	吸烟 smoke xī yān	11	唉 Oh āi	
4	奇怪 strange qíguài	12	那些 those nàxiē	
5	对 for duì	13	刚才 just now gāngcái	
6	身体 shēntǐ body, health	14	加油站 jiāyóuzhàn gas station	
7	可能 may kěnéng	15	车 car chē	
8	引起 cause yǐnqǐ	16	报警 alarm bàojǐng	

Word game: Walking along the Great Wall

词语游戏："走长城"

The rules of the game are on page 10
游戏规则见第10页。

17	过去 over (used guòqu after a verb to indicate leaving or passing the orginal place)	20	香烟 cigarette xiāngyān
18	车窗 window chēchuāng	21	灭 put out miè
19	马上 mǎshàng immediately	22	好样的 good hǎoyàngde

Part 1 第一部分

1 Listen to the recording and answer questions.

听录音，回答问题。

马丽： 听说 了吗？ 今天有一个地方 着火了。
Mǎ Lì： Tīngshuō le ma? Jīntiān yǒu yí gè dìfang zháohuǒ le.

李明： 听说 是 因为 有人吸烟。
Lǐ Míng： Tīngshuō shì yīnwèi yǒu rén xī yān.

马丽： 真 奇怪， 虽然 吸烟 对身体 不好， 可能 还会 引起
Mǎ Lì： Zhēn qíguài, suīrán xī yān duì shēntǐ bù hǎo, kěnéng hái huì yǐnqǐ

火灾， 但是 很多人还要吸烟。
huǒzāi, dànshì hěn duō rén hái yào xī yān.

李明： 唉， 说 到这个， 我真的很 生气。
Lǐ Míng： Ài, shuō dào zhège, wǒ zhēnde hěn shēngqì.

马丽： 怎么了？ 生 谁的气？
Mǎ Lì： Zěnme le? Shēng shéi de qì?

李明： 生 那些 吸烟的人的气。 刚才 跟我爸爸在 加油站
Lǐ Míng： Shēng nàxiē xī yān de rén de qì. Gāngcái gēn wǒ bàba zài jiāyóuzhàn

看见 一个人在 车里吸 烟！
kànjiàn yí gè rén zài chē li xī yān!

马丽： 真的 吗？ 你看 清楚 了吗？
Mǎ Lì： Zhēnde ma? Nǐ kàn qīngchu le ma?

李明： 当然， 他 一边 吸烟， 一边 打手机！
Lǐ Míng： Dāngrán, tā yìbiān xī yān, yìbiān dǎ shǒujī!

马丽： 是不是 应该打 电话 报警 啊？
Mǎ Lì： Shì bu shì yīnggāi dǎ diànhuà bào jǐng a?

李明： 不用 报警。我和爸爸 走过去拍了拍他的车 窗，
Lǐ Míng： Bú yòng bào jǐng. Wǒ hé bàba zǒu guòqu pāi le pāi tā de chē chuāng,

他 马上 把香烟 灭了。
tā mǎshàng bǎ xiāngyān miè le.

马丽：好样的！
Mǎ Lì: Hǎoyàngde!

加油站

1. 李明为什么生气？

2. 为什么马丽说"好样的"？

 Which of the following are good to one's health and which are not? Can you list more exercises that do good to one's health?

下面哪些事情对身体好，哪些对身体不好，你还能列出更多对身体好的事情吗？

1 玩电脑游戏   **2** 早上跑步

3 经常生气   **4** 吸烟

5 喝牛奶   **6** 游泳

7 唱歌   **8** 一边看书一边吃饭

9 早上不吃饭   **10** 经常上网

对身体好：

对身体不好：

3 **Read the following sentences and tell which sentence describes which picture.**
读下面的句子，看看这些句子分别描述的是哪一幅图。

1 虽然下雪，但是天气不太冷。（　　）

2 虽然这件衣服很贵，但是很漂亮，我还是买了。（　　）

3 虽然他是外国人，但是他的汉语说得很好。（　　）

4 虽然他是美国人，但是他出生在中国。（　　）

5 虽然他喜欢吃桃，但是不喜欢喝桃汁。（　　）

6 虽然他今天不舒服，但是他还是来上课了。（　　）

7 虽然玩电脑游戏对眼睛不好，但是很多人还是要玩。（　　）

8 虽然我喜欢唱歌，但是我唱得不好。（　　）

Listen to and read after the recording, and tell the meaning of each expression.

听录音，跟读下面的词语，说说这些词语的意思。

1　吃饭 → 吃了饭 → 吃了很多饭

2　睡觉 → 睡了觉 → 睡了一会儿觉

3　生气 → 生了气 → 生了他的气

4　洗澡 → 洗了澡 → 洗了一个澡

5　请假 → 请了假 → 请了一天假

6　上课 → 上了课 → 上了两节课

 Class game—"A talking ball". Work in groups of six and each group should be divided into two teams. Members of each team hit the ball in turns, and recite a word or sentence from the text.

全班游戏——说话球。6人一组，每组分两队。两队的同学轮流击球，击球的同时必须说出本课的一个生词或句子。

Part 2 第二部分

Look at the pictures, read the following passage and tell how to use the extinguisher in your own words.

看图片，读下面的文章，然后用自己的话说一说如何使用灭火器。

怎么 用 灭火器？
Zěnme yòng mièhuǒqì?

有 火灾 的 时候，应该 冷静。如果
Yǒu huǒzāi de shíhou, yīnggāi lěngjìng. Rúguǒ

有 灭火器，就先 用 灭火器 灭火；如果
yǒu mièhuǒqì, jiù xiān yòng mièhuǒqì miè huǒ; rúguǒ

灭不了火，就打 电话 报警。
miè bu liǎo huǒ, jiù dǎ diànhuà bào jǐng.

第一，取下 灭火器。
Dìyī, qǔ xià mièhuǒqì.

第二，带着 灭火器，跑到
Dì'èr, dài zhe mièhuǒqì, pǎo dào

距离火 两 米 远 的 地方。
jūlí huǒ liǎng mǐ yuǎn de dìfang.

第三，打开 灭火器 上边
Dìsān, dǎkāi mièhuǒqì shàngbian

的 锁。
de suǒ.

第四，像 图里的 人 一样 灭
Dìsì, xiàng tú li de rén yíyàng miè

火。
huǒ.

1

2

3

4

Vocabulary 词 语

1. 灭火器 mièhuǒqì fire extinguisher
2. 冷静 lěngjìng cool
3. 灭火 miè huǒ put out fire
4. 取 qǔ take
5. 距离 jūlí ... far from
6. 米 mǐ meter
7. 远 yuǎn far
8. 打开 dǎkāi open
9. 锁 suǒ lock
10. 图 tú picture

Pictures and characters
图片汉字

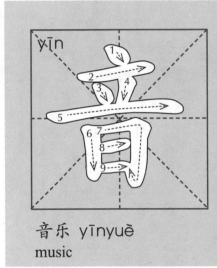

yīn

音乐 yīnyuè
music

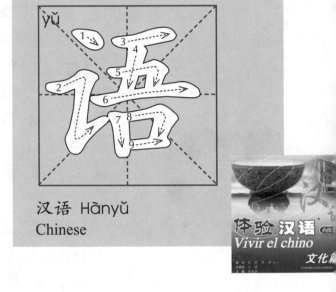

yǔ

汉语 Hànyǔ
Chinese

zǎo

早上 zǎoshang
morning

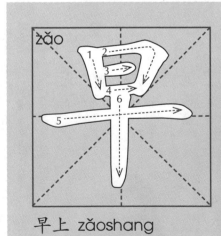

Experiencing China
体验中国

风筝

风筝起源于中国。在中国北部的山东省潍坊市，每年都举行"国际风筝节"的庆祝活动。

The Kite

The kite originated in China. In the city of Weifang, Shandong Province, in north China, the International Kite Festival is annually celebrated.

你们那儿的风筝和中国的风筝有区别吗？

Is there any difference between kites in China and in your country?

Chinese Community
汉语社区

在中国，行人是靠右走的，汽车的方向盘是在左边的。你们国家呢？如果你去中国旅游，改成靠右走，可能遇到哪些不方便的问题呢？

In China, people walk on the right, while the steering wheel is on the left. What about your country? What inconveniences will you expect if you change your habit to walk on the right while traveling in China?

12

静夜思
Jìng yè sī

Objectives 学习目标

- **Learn to recite the poem "A Tranquil Night" and understand the homesickness expressed through the poem.**
  学会吟诵《静夜思》这首唐诗，并了解这首诗表达的思乡之情。

Ask yourself 问问你自己

Have you ever heard of Chinese Tang poems?
你听说过中国的唐诗吗？

Is there any poem about hometown in your country?
你们国家有没有关于故乡的诗歌？

Part 1 第一部分

词 语
Vocabulary

1 静 jìng silent 2 夜 yè night 3 思 sī meditate

4 床 chuáng bed 5 明 míng bright 6 月 yuè moon 7 光 guāng light

8 疑 yí assume 9 地 dì floor 10 霜 shuāng frost 11 举 jǔ lift

12 望 wàng look at 13 低 dī lower

 1 Listen to the recording and learn to recite the following Tang poem.
听录音，跟读并学会背诵下面的唐诗。

静 夜 思
Jìng yè sī

李 白
Lǐ Bái

床　前　明　月　光，
Chuáng qián míng yuè guāng,

疑　是　地　上　霜。
yí　shì　dì　shàng shuāng.

举　头　望　明　月，
Jǔ　tóu　wàng míng yuè,

低　头　思　故　乡。
dī　tóu　sī　gù　xiāng.

Read aloud or recite "A Tranquil Night" with emotion and action, and see who will deliver a vivid performance.

配上感情和动作，朗读或背诵《静夜思》，看谁表演得生动。

Part 2　第二部分

Listen to the recording and sing "Where Is the Spring" in unison.

听录音，一起唱"春天在哪里"。

Vocabulary 词 语

1. 哪里 nǎli
   where
2. 青翠 qīngcuì
   green
3. 山林 shānlín
   mountain wood
4. 花 huā
   flower
5. 草 cǎo
   grass
6. 黄鹂 huánglí
   oriole

春天在哪里 呀? 春天 在 哪里?
Chūntiān zài nǎli ya? Chūntiān zài nǎli?

春天在那 青翠的 山 林 里。
Chūntiān zài nà qīngcuì de shānlín li.

这里有红花 呀, 这里有绿草,
Zhèli yǒu hóng huā ya, zhèli yǒu lǜ cǎo,

还 有那会唱歌的 小 黄 鹂。
hái yǒu nà huì chàng gē de xiǎo huánglí.

嘀哩 哩 哩嘀哩哩 嘀 哩哩哩哩,
Dī li li li dī li li dī li li li li,

嘀 哩 哩 哩 嘀 哩 哩 嘀 哩 哩 哩 哩,
Dī li li li dī li li dī li li li li,

春 天 在 青 翠 的 山 林 里， 还 有 那 会 唱 歌 的 小 黄 鹂。
Chūntiān zài qīngcuì de shānlín li, hái yǒu nà huì chàng gē de xiǎo huánglí.

Pictures and Characters
图片汉字

Part 3 第三部分

zhàn

火车站 huǒchēzhàn
railway station

zì

汉字 Hànzì
Chinese character

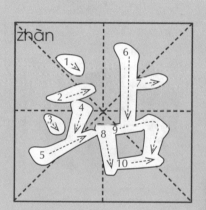
zhōng

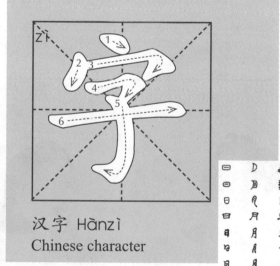

闹钟 nàozhōng
alarm clock

Experiencing China
体验中国

笔墨纸砚

笔、墨、纸、砚四样东西被中国人称作"文房四宝"。古代的中国文人就是用它们写字和画画的，现代的书法和中国画仍然会用到文房四宝。

Chinese Brush, Ink Stick, Paper & Inkstone

Chinese brush, ink stick, paper & inkstone are regarded by the Chinese as "the four treasures in the study". They were used by people of letters for calligraphy and painting in ancient China and are still used in modern calligraphy and Chinese painting.

你知道磨墨用的砚台一般是用什么做的吗？

Do you know what the inkstone is made of?

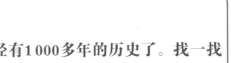
Chinese Community
汉语社区

唐朝留下了许多著名的诗歌，也就是说，这些诗歌已经有1000多年的历史了。找一找另一首唐诗《咏鹅》，试着把它背下来。

另外，《春天在哪里》还有一段歌词。上网搜索一下另一半歌词，看看你能不能借助字典看懂？

The Tang Dynasty has left us with many famous poems. That is to say, these poems are already over 1000 years old. Look for another Tang poem called "Ode to the Goose" and try to remember it.

In addition, there is the other half of the lyrics of "Where Is the Spring". Surf the Internet and search for the other half to see whether you can understand the lyrics with the help of a dictionary.

复习课3
Review Lesson 3

1 Read the following words, and find a "friend" for each of them.

读下面的词语，然后为每个词"找朋友"。

收银台	新闻	手机	教室	眼镜	钱	新专辑
加油站	早饭	短信	头发	跑道	车	卡拉OK
洗发水	报纸	操场	偶像	比赛	雪	音响
图书馆	黑板	近视	冬天	面包	书	直播

收银台—钱 _____ _____ _____

_____ _____ _____ _____

_____ _____ _____ _____

2 Choose the right word to fill in the blanks, then read them aloud.

选择合适的词填空完成句子，然后读一读。

1. 你听说（ ）泰山吗？　　　　　　　A.过　　B.了
2. 我（ ）学了两年汉语了。　　　　　A.以前　B.已经
3. 这是我的（ ）一本汉语课本。　　　A.第　　B.有
4. （ ）这次比赛，他练习了很长时间了。A.为了　B.对
5. 喝牛奶（ ）身体很好。　　　　　　A.为了　B.对
6. 我们先去银行（ ）钱换了吧。　　　A.用　　B.把
7. 好的，我（ ）去实验室。　　　　　A.刚才　B.马上
8. 我是昨天来纽约（Niǔyuē New York）（ ）。A.了　　B.的

Relay questions.

问答接龙。

1. 中国人喜欢唱卡拉OK吗?
2. 二胡是中国的乐器吗?
3. 你最喜欢的偶像是谁?
4. 你的家乡在哪儿?
5. 中国有几个季节?
6. 美国的报警电话是多少?
7. 你经常上网吗?
8. 北京的冬天干燥吗?
9. 加油站里可以打手机吗?
10. 现在谁的歌最流行?

 Find out wrong characters.

找错字。

休　晚　洗　字　学　语　站　钟　图　早　音　夏

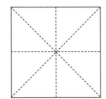 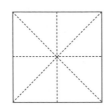 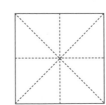 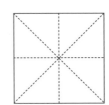

词 汇 表

Vocabulary

A

啊	a	(interjection expressing surprise)	1
哎	āi	Hey	4
哎哟	āiyō	Ouch	10
唉	āi	Oh	11
安静	ānjìng	quiet	*3
凹透镜	āotòujìng	concave lens	*6

B

八字还没一撇	bā zì hái méi yì piě	It has not got to the first base!	7
吧	ba	(used at the end of a sentence to indicate suggestion)	2
把	bǎ	take	10
白色	báisè	white	*3
百	bǎi	hundred	3
办法	bànfǎ	way	4
办公室	bàngōngshì	office	*4
棒球	bàngqiú	baseball	*5
报警	bàojǐng	alarm	11
报纸	bàozhǐ	newspaper	9
比	bǐ	than	7
比赛	bǐsài	match	*2
遍	biān	time(s)	3

*表示只要求认知，不要求掌握的词。 *for words that students are expected to recognize. Mastery is not necessary.

| 别 | bié | do not | 2 |
| 不怎么样 | bù zěnmeyàng | just so so | 1 |

C

餐厅	cāntīng	cafeteria	*4
操场	cāochǎng	playground	4
草	cǎo	grass	*12
草坪	cǎopíng	lawn	4
长笛	chángdí	flute	*8
唱歌	chànggē	sing	8
车	chē	car	11
车窗	chē chuāng	window	11
床	chuáng	bed	12
春去秋来	chūn qù qiū lái	from spring to fall	*10
慈善	císhàn	charity	9
从……到……	cóng...dào...	from ... to ...	4

D

打(电话)	dǎ	make, call	2
打开	dǎkāi	open	*11
大海	dàhǎi	sea	*7
大约	dàyuē	about	7
带	dài	bring	*7
戴	dài	wear	5
倒霉	dǎoméi	bad luck	1
低	dī	lower	12
地	dì	floor	12
地方	dìfang	place	11
地球	dìqiú	earth	*10
第	dì	No.	9
点击	diǎnjī	click	*9

电	diàn	hit by static	10
电话	diànhuà	phone	2
电子邮件	diànzǐ yóujiàn	Email	*5
掉	diào	drop	*7
东西	dōngxi	things	*4
冬天	dōngtiān	winter	10
动作	dòngzuò	action	8
都	dōu	all	*2
肚子	dùzi	stomach	2
短信	duǎnxìn	text message	9
对	duì	right	6
对	duì	for	*6/11
对了	duì le	by the way	5
对象	duìxiàng	object	*5
多	duō	many/much/more	3
多（……啊）	duō (...a)	so	4
跺	duò	stamp	*1

E

耳机	ěrjī	headphones	5
二胡	èrhú	Erhu	*8

F

发	fā	send	9
发火	fā huǒ	lose temper	1
方形	fāngxíng	square	6
防	fáng	prevent, proof	10
放	fàng	place, put	*6

G

干净	gānjìng	clean	4
干燥	gānzào	dry	10
感到	gǎndào	feel	1
刚才	gāngcái	just now	11
刚刚	gānggāng	just	8
钢琴	gāngqín	piano	8
（钢琴）家	(gāngqín) jiā	pianist	9
高兴	gāoxìng	happy	1
告诉	gàosu	tell	9
给	gěi	give	10
跟……一起……	gēn... yìqǐ...	together with ...	5
更	gèng	more	4
购物	gòuwù	go shopping	*2
古典	gǔdiǎn	classical	8
故事	gùshi	story	3
光	guāng	light	12
广告	guǎnggào	advertisement	*5
国家	guójiā	country	*10
过	guò	ever	9
过	guò	pass	10
过去	guòqu	over (used after a verb to indicate leaving or passing the original place)	11

H

哈哈	hāha	Haha	10
还	hái	still	11
好听	hǎotīng	melodious	8
好样的	hǎoyàngde	good	11
呵呵	hēhe	Ha ha	8
和……（不）一样	hé...(bù) yíyàng	... (not) the same as ...	3

黑板	hēibǎn	blackboard	6
后	hòu	after	2
花(眼)	huā	preshyopia	*6
花	huā	flower	*12
坏	huài	broken	1
换	huàn	exchange	7
黄鹂	huánglí	oriole	*12
汇率	huìlǜ	exchange rate	7
活动	huódòng	activity	*5
活泼	huópō	lively	*3
火灾	huǒzāi	fire	11
货币	huòbì	currency	*7

J

机场	jīchǎng	airport	7
……极了	... jí le	very	8
计划	jìhuà	plan	7
季节	jìjié	season	*10
~季	jì	scason	*10
加油站	jiāyóuzhàn	gas station	11
家人	jiārén	family	*7
家乡	jiāxiāng	hometown	10
肩	jiān	shoulder	*1
键	jiàn	key	*9
讲	jiǎng	tcll	3
教室	jiàoshì	classroom	4
金子	jīnzi	gold	*7
近视	jìnshì	nearsighted	6
经常	jīngcháng	often	10
静	jìng	silent	12
静电	jìngdiàn	static	10

就	jiù	then	1
举	jǔ	lift	12
距离	jùlí	... far from	*11

K

卡拉OK	kǎlā OK	Karaoke	8
开玩笑	kāi wánxiào	joke	3
看到	kàndào	see	9
看见	kànjiàn	see	*3
看起来	kàn qǐlái	look	1
看台	kàntái	stand	4
可能	kěnéng	may	11
可以	kěyǐ	can	1
空气	kōngqì	air	4
恐怖	kǒngbù	horror	8
块	kuài	piece	*7
快	kuài	hurry up	2
筐子	kuāngzi	basket	10

L

来	lái	come	8
老	lǎo	old	*6
累	lèi	tired	*1
冷静	lěngjìng	cool	*11
礼堂	lǐtáng	hall	*4
礼物	lǐwù	present, gift	7
联系人	liánxìrén	contact	*5
链接	liànjiē	link	*9
亮	liàng	light	5
铃	líng	bell	*2
浏览	liúlǎn	browse	*9

流行	liúxíng	popular	8
遛	liù	walk	5
龙卷风	lóngjuǎnfēng	tornado	*10

M

马上	mǎshàng	immediately	11
没	méi	disappear	1
没错	méicuò	That's right	6
美元	Měiyuán	US dollar	7
米	mǐ	meter	*11
面包	miànbāo	bread	2
灭	miè	put out	11
灭火	miè huǒ	put out fire	*11
灭火器	mièhuǒqì	fire extinguisher	*11
明	míng	bright	12

N

哪里	nǎli	where	*12
内向	nèixiàng	introvert	3
那么	nàme	so	9
那些	nàxiē	those	11
难看	nánkàn	ugly	6
能	néng	can	3
牛奶	niúnǎi	milk	2
纽约	Niǔyuē	New York	*12

O

| 偶像 | ǒuxiàng | idol | 9 |

P

拍	pāi	clap	1
跑道	pǎodào	runway	4
篇	piān	passage	*9
便宜	piányi	cheap	7

Q

奇怪	qíguài	strange	11
前	qián	ago	7
前面	qiánmiàn	front	*6
前天	qiántiān	the day before yesterday	9
钱	qián	money	7
墙	qiáng	wall	*4
青翠	qīngcuì	green	*12
轻松	qīngsōng	relaxed	*1
清楚	qīngchu	clear	5
请	qǐng	invite	8
请假	qǐngjià	ask for leave	2
秋	qiū	fall	*10
球队	qiúduì	team	1
取	qǔ	take	*11
去	qù	go	2
确定键	quèdìngjiàn	Enter	*9

R

人民币	Rénmínbì	RMB	7
如果	rúguǒ	if	1

S

山	shān	mountain	5
山林	shānlín	mountain wood	*12
上	shàng	on	4
上星期	shàng xīngqī	last week	6
少	shǎo	less	6
伸	shēn	stretch	*1
身体	shēntǐ	body, health	11
生气	shēngqì	angry	*1
石头	shítou	stone	*7
实验室	shíyànshì	lab	4
事情	shìqing	matter	7
适合	shìhé	fit	5
收银台	shōuyíntái	cashier	10
售货员	shòuhuòyuán	salesperson	7
舒服	shūfu	comfortable	2
输入	shūrù	type in	*9
竖琴	shùqín	harp	*8
刷牙	shuā yá	brush teeth	2
霜	shuāng	frost	12
思	sī	meditate	12
搜索	sōusuǒ	search	9
虽然	suīrán	although	*7
所以	suǒyǐ	therefore	*6
唢呐	suǒnà	suona	*8
锁	suǒ	lock	*11

T

| 汤姆 | Tāngmǔ | Tom | 1 |
| 套 | tào | set | 8 |

疼	téng	ache	2
天空	tiānkōng	sky	4
听	tīng	listen	3
听……的	tīng...de	listen to	*2
挺（……的）	tǐng (...de)	quite	5
头	tóu	head	2
头条	tóutiáo	headline	9
投影仪	tóuyǐngyí	projector	6
图	tú	picture	*11
图书馆	túshūguǎn	library	4
脱	tuō	take off	10

W

外向	wàixiàng	extravert	3
网页	wǎngyè	webpage	*9
网站	wǎngzhàn	website	9
网址	wǎngzhǐ	website	9
忘	wàng	forget	2
望	wàng	look at	12
为了	wèile	for	9
温柔	wēnróu	gentle	*3
问	wèn	ask	*6

X

西游记	Xīyóu Jì	*Journey to the West*	3
吸烟	xī yān	smoke	11
洗发水	xǐfàshuǐ	shampoo	10
洗脸	xǐ liǎn	wash face	2
夏令营	xiàlìngyíng	summer camp	*5
夏天	xiàtiān	summer	*5
先……然后……	xiān...ránhòu...	first, and then ...	7

香烟	xiāngyān	cigarette	11
响	xiǎng	ring	*2
像……一样	xiàng…yíyàng	like	*7
消息	xiāoxi	news	1
小岛	xiǎo dǎo	small island	*7
小号	xiǎohào	trumpet	*8
小提琴	xiǎotíqín	violin	*8
笑	xiào	laugh	*2
新	xīn	new, latest	8
新闻	xīnwén	news	9
兴趣	xìngqù	interest	*9
性格	xìnggé	personality	*3
休息	xiūxi	rest	*5

Y

眼镜	yǎnjìng	glasses	5
扬琴	yángqín	dulcimer	*8
腰	yāo	waist	*1
要不	yàobù	or	4
夜	yè	night	12
一……就……	yī… jiù…	… as soon as …	3
一边……一边……	yìbiān…yìbiān…	… while …	5
一点儿	yìdiǎnr	a little	6
一块儿	yíkuàir	together	10
疑	yí	assume	12
已经	yǐjīng	already	9
音乐	yīnyuè	music	5
音响	yīnxiǎng	Hi-fi	8
引起	yǐnqǐ	cause	11
隐形眼镜	yǐnxíng yǎnjìng	contact lense	6
应该	yīnggāi	should	6
赢	yíng	win	1

用	yòng	use	6
游戏	yóuxì	game	6
游泳池	yóuyǒngchí	swimming pool	*5
雨水	yǔshuǐ	rain	10
元	yuán	Yuan	7
圆形	yuánxíng	round	6
远	yuǎn	far	*11
月	yuè	moon	12
越来越	yuèláiyuè	more and more	6
运动	yùndòng	sports	5

Z

在	zài	be	3
咱们	zánmen	we	7
早	zǎo	early	5
早饭	zǎofàn	breakfast	2
怎么	zěnme	why	4
怎么了	zěnme le	what's up	1
张	zhāng	piece, copy	8
找	zhǎo	find	*7
这儿	zhèr	here	10
这么	zhème	so	5
这些	zhèxiē	these	7
这样	zhèyàng	this	4
直播	zhíbō	live	9
只	zhǐ	only	3
制造	zhìzào	make	7
种	zhǒng	kind	10
竹笛	zhúdí	bamboo flute	*8
专辑	zhuānjí	album	8
壮实	zhuàngshi	sturdy	5

着	zhe	(added to a verb or adjective to indicate a continued action or state)	5
着火	zháohuǒ	on fire	11
字	zì	character	6
自弹自唱	zìtán zìchàng	singing while playing	8
总是	zǒngshì	always	8
最	zuì	most	8
最近	zuìjìn	recently	6
左右	zuǒyòu	or so	*6
作为	zuòwéi	as	*7
作文	zuòwén	writing	9
座	zuò	measure word (for mountains)	5
座位	zuòwèi	seat	4

郑 重 声 明

高等教育出版社依法对本书享有专有出版权。任何未经许可的复制、销售行为均违反《中华人民共和国著作权法》，其行为人将承担相应的民事责任和行政责任，构成犯罪的，将被依法追究刑事责任。为了维护市场秩序，保护读者的合法权益，避免读者误用盗版书造成不良后果，我社将配合行政执法部门和司法机关对违法犯罪的单位和个人给予严厉打击。社会各界人士如发现上述侵权行为，希望及时举报，本社将奖励举报有功人员。

反盗版举报电话： (010) 58581897/58581896/58581879

传　　真： (010) 82086060

E - mail： dd@hep.com.cn

通信地址： 北京市西城区德外大街4号

　　　　　　高等教育出版社打击盗版小公室

邮　　编： 100120

购书请拨打电话： (010)58581118

图书在版编目（CIP）数据

体验汉语初中学生用书 . 2A / 国际语言研究与发展中
心. —北京：高等教育出版社，2009.3
　ISBN 978-7-04-025493-8

　Ⅰ.体…　Ⅱ.国…　Ⅲ.汉语-对外汉语教学-教材
Ⅳ.H195.4

中国版本图书馆CIP数据核字（2009）第034199号

策划编辑　徐群森　　**责任编辑**　常丽萍

出版发行	高等教育出版社	购书热线	010-58581118
社　　址	北京市西城区德外大街4号	免费咨询	800-810-0598
邮政编码	100120	网　　址	http://www.hep.edu.cn
总　　机	010-58581000		http://www.hep.com.cn
		网上订购	http://www.landraco.com
经　　销	蓝色畅想图书发行有限公司		http://www.landraco.com.cn
印　　刷	中原出版传媒投资控股集团	畅想教育	http://www.widedu.com
	北京汇林印务有限公司		
开　　本	889×1194　1/16		
印　　张	8.5	版　　次	2009 年 5 月第 1 版
字　　数	260 000	印　　次	2009 年 5 月第 1 次印刷

PRINTED in China